Frauen des Jahrhunderts

Vierzehn unvergessene Lebensbilder

Buch

Diese wunderschöne Anthologie versammelt als Originalausgabe vierzehn unvergessene Schicksale in einfühlsamen Darstellungen: Frauen wie Marlene Dietrich, Marie Curie, Mutter Teresa, Rosa Luxemburg und Indira Gandhi – Lebensbilder, die ihre Zeit entscheidend prägten.

Vordenkerinnen, Femmes fatales, Kultfrauen, Rebellinnen, Starke Frauen: als abschließender Band der Anthologien-Reihe zur Jahrtausendwende nun die *Frauen des Jahrhunderts*.

Frauen des Jahrhunderts

Vierzehn unvergessene Lebensbilder

Herausgegeben
von Christiane Naumann

GOLDMANN

Die Quellenhinweise zu den einzelnen Texten
finden Sie am Ende des Bandes.

Originalausgabe

Umwelthinweis:
Alle bedruckten Materialien dieses Taschenbuches
sind chlorfrei und umweltschonend.

Originalausgabe Oktober 1999

Umschlaggestaltung: Design Team München
Umschlagmotiv: AKG, Berlin
Satz: Stefan Bollmann
Druck: Presse-Druck Augsburg
Verlagsnummer: 44334
FB · Herstellung: Sebastian Strohmaier
Made in Germany
ISBN 3-442-44334-2

1 3 5 7 9 10 8 6 4 2

INHALT

Ulla Fölsing

Marie Curie

Als bisher einzigem Menschen gelang es Marie Curie, gleich zweimal die höchste Ehrung der Wissenschaft entgegenzunehmen: 1903 erhielt sie zusammen mit ihrem Ehemann Pierre den Physik-Nobelpreis, acht Jahre später den für Chemie. In ihrem Portrait zeigt Ulla Fölsing den harten Weg der Wissenschaftlerin zu Erfolg und Reichtum auf.

»WIR HABEN DEN NOBELPREIS BEKOMMEN«, schrieb Marie Curie im Dezember 1903 an ihren Bruder Josef Sklodowski in Polen. »Ich weiß nicht genau, wieviel es ausmacht, ich glaube, es dürften ungefähr 70000 Francs sein. Das ist für uns sehr viel Geld… Wir sind von Briefen und Besuchen, von Fotografen und Journalisten überschwemmt. Man möchte sich unter die Erde verkriechen, um Ruhe zu haben.«

Der Physik-Nobelpreis 1903, den die Schwedische Akademie der Wissenschaften zur einen Hälfte dem Franzosen Henri Becquerel und zur anderen Hälfte dem Ehepaar Pierre und Marie Curie »für die Entdekckung und Pionierleistungen auf dem Gebiet der spontanen Radioaktivität und der Strahlungsphänomene« zuerkannte, war also für

Marie Curie keineswegs ein ungeteiltes Vergnügen und nur Anlaß zur Freude, wie ihre vehemente Klage über den störenden Ansturm auf ihr Privatleben und ihr Forscherdasein zeigt. Es scheint so, als habe die französische Physikerin die immaterielle Bedeutung dieser Ehrung und der damit verbundenen weltweiten Anerkennung nicht sonderlich hoch eingeschätzt: Die Feierlichkeiten zur Nobelpreis-Verleihung am 10. Dezember 1903 fanden ohne Marie und Pierre Curie statt. Das Paar mochte sich aus gesundheitlichen Gründen die weite, anstrengende Reise von Paris nach Stockholm nicht zumuten und verzichtete auf die Teilnahme. Ihren Preis nahm der französische Gesandte entgegen, und der Scheck über 70 000 Francs erreichte sie vier Wochen später per Post. Den ausstehenden Nobelvortrag hielt Pierre Curie in seinem eigenen und im Namen seiner Frau erst rund eineinhalb Jahre später vor der Akademie der Wissenschaften in Stockholm.

Bei Marie Curies zweitem Nobelpreis, dem für Chemie, den sie im Jahre 1911 ganz und ungeteilt für »die Entdeckung der Elemente Radium und Polonium, die Charakterisierung des Radiums und dessen Isolierung im metallischen Zustand und die Untersuchung über die Natur und die chemischen Verbindungen dieses Elements« erhielt, sah alles anders aus: Diesmal reiste die Laureatin – inzwischen verwitwet und gerade einem Skandal in der französischen Sensationspresse entronnen – pünktlich zur Preisverleihung nach Stockholm. Sie kam in Begleitung ihrer ältesten Tochter Irène, damals vierzehn, die vierundzwanzig Jahre später in eigener Sache an derselben Stelle stehen sollte. Den Nobelvortrag am 11. Dezember 1911 vor der Königlichen Akademie hielt Marie Curie – inzwischen ordentliche Pro-

Marie Curie; Foto: Roger Viollet, Paris

fessorin an der Sorbonne – diesmal selbst, nicht ohne allerdings der Leistungen ihres Mannes bei der Entdeckung des Radiums zu gedenken:

> »Es liegt mir daran, ehe ich mich dem Thema meines Vortrags zuwende, Ihnen in Erinnerung zu rufen, daß das Radium und das Polonium von Pierre Curie in Zusammenarbeit mit mir entdeckt wurden. Wir verdanken Pierre Curie auch die grundlegenden Untersuchungen auf dem Gebiet der Radioaktivität, die er teils allein, teils in Zusammenarbeit mit mir, teils auch in Zusammenarbeit mit seinen Schülern durchgeführt hat. Die chemische Arbeit, die zum Ziel hatte, das Radium im Zustand eines reinen Salzes isoliert darzustellen und als ein neues Element zu bestimmen, ist im besonderen von mir durchgeführt worden, ist aber untrennbar mit der gemeinsamen Arbeit verbunden. Ich glaube also, die Absicht der Akademie der Wissenschaft richtig auszulegen, wenn ich annehme, daß die hohe Auszeichnung, deren ich teilhaftig werde, dieser gemeinsamen Arbeit gilt und so eine Ehrung des Andenkens Pierre Curies darstellt.«

Marie Curie kann mit ihren beiden Nobelpreisen gleich mehrere Superlative für sich in Anspruch nehmen: Sie war die erste Frau überhaupt, die Nobelpreisträgerin wurde, und das gleich zweimal und obendrein noch in der von Männern beherrschten Domäne der Naturwissenschaften. Marie Curie war zudem 1903 mit ihren 36 Jahren die jüngste Frau, die je einen Nobelpreis entgegengenommen hat. Mit einem Nobelpreisträger verheiratet, hat sie eine wissenschaftliche Dynastie begründet, die sich mittlerweile in der dritten Generation fortsetzt: Ihre Tochter Irène Joliot-Curie und ihr Schwiegersohn Frédéric Joliot wurden im Jahre 1935 gleichfalls mit einem gemeinsamen Nobelpreis, dem Nobelpreis für Chemie, ausgezeichnet, und auch zwei der Enkelkinder von Marie Curie machten die Wissenschaft zum Beruf und heirateten wiederum Wissenschaftler.

Marie Curie als Begründerin der Radiochemie kann mit Recht für sich beanspruchen, daß die Quelle internationaler Entdeckungen, die aus ihren ersten Untersuchungen entsprungen ist, das Wesen des Fortschritts in den Naturwissenschaften im 20. Jahrhundert verändert hat. Vor der Entdeckung der Radioaktivität hatte die stoffliche Materie als statisch und in ihren kleinsten Bausteinen, den Atomen, als unveränderlich gegolten. Mit dem Fortschreiten der Einsicht in das Wesen der Materie nicht zuletzt durch die Entdeckung des Radiums zeigte sich die Möglichkeit, ein Element in ein anderes umzuwandeln. Aus dieser Erkenntnis folgte letztlich vierzig Jahre später die Freisetzung der Kernenergie in großtechnischem Maßstab. In diesem Sinne begründete Marie Curie nicht nur die Radiochemie, sondern leitete die Kern- und Nuklearforschung ein. Zugleich gab sie der Technik, der Wirtschaft und der Medizin wichtige neue Impulse und setzte die Anfänge zu dem, was heute Atomzeitalter genannt wird.

Im familiären und sozialen Hintergrund von Marie Curie läßt sich manches ausmachen, was die ungeheure Willenskraft, Ausdauer und Energie erklären könnte, mit der sich die junge Frau den exakten Naturwissenschaften zugewandt hat. Dennoch ist ihr intensives Interesse an der Wissenschaft nicht auf Anhieb zu verstehen.

MARIA SALOME SKLODOWSKA wurde am 7. November 1867 in einer kleinen Wohnung in Warschau geboren. Sie war das fünfte Kind in ihrer Familie und nach dem ersehnten Sohn die vierte Tochter. Die Eltern der kleinen Mania, wie der Nachkömmling bald genannt wurde, arbeiteten beide als Lehrer: Der Vater Wladislaw Sklodowski unterrichtete Mathematik und Physik an einem Warschauer Gymnasium, und weil sein bescheidenes Gehalt nicht ausreichte, betrieb die Mutter Bronislawa Sklodowska ein kleines Mädchenpensionat in dem gleichen Haus, in dem die Familie wohnte.

Beide Eltern prägten nachhaltig das Zusammenleben der Familie und die Wertvorstellungen ihrer heranwachsenden Kinder: Der Vater setzte bedingungslos seine überkommenen Ideen von Sitte, Anstand und Moral durch. Aber auch sein Interesse für die Naturwissenschaften gab er wie selbstverständlich weiter. Die Mutter wollte von ihren Kindern vor allem dieselbe klaglose Pflichterfüllung, die sie selbst vorlebte.

Die politischen und wirtschaftlichen Lebensbedingungen der Familie Sklodowski waren zur Zeit von Marias Geburt alles andere als rosig: Um sie herum die bedrückende Atmosphäre eines Polizeistaates unter russischer Oberhoheit, in dem nur überleben konnte, wer Kompromisse mit dem System zu schließen bereit war. Dazu die eher bedrängte ökonomische Lage des Lehrerpaares, das zwar gesellschaftlich angesehen und geachtet war, aber auch mit seinem Einkommen als Doppelverdiener nur mit Mühe den Unterhalt für die siebenköpfige Familie bestreiten konnte. In einer Periode rücksichtsloser Russifizierung der polnischen Unterrichtsanstalten verlor der Pole Sklodowski zudem Anstellung und Dienstwohnung, und so blieb ihm als Pädagogen nur noch die wenig dankbare Rolle eines Tutors. Er mietete eine Wohnung, in der er Jungen im Schulalter aufnahm und bei den Hausaufgaben betreute.

Die sechsjährige Maria als jüngstes Kind litt am meisten unter den Zwängen dieser beschränkten Wohn- und Lebensverhältnisse: Sie schlief im Eßzimmer und mußte bereits um sechs Uhr morgens ihr Bett räumen, damit die Schüler aus der Pension rechtzeitig frühstücken konnten.

Das größte Problem im Leben der kleinen Mania war dabei zweifellos das seltsame, für das Kind unverständliche Verhalten seiner Mutter: In einem Alter, in dem es nach Liebe, Zärtlichkeit und Zuwendung hungerte, wurde die Mutter zunehmend spröder im Umgang mit ihren Kindern. Sie wußte, daß sie an Tuberkulose erkrankt war, und mied deshalb jede körperliche Berührung. Als sie im Jahre 1878 starb, war ihre jüngste Tochter Maria zehn Jahre alt; längst vor dem Tod der Mutter war sie ein einsames, von ihr verlassenes, kleines Mädchen gewesen.

Ihren Kummer und ihr Alleinsein kompensierte Maria Sklodowska schon in frühestem Alter durch außerordentlichen Fleiß und großes Konzentrationsvermögen beim Lernen. Bereits als Vierjährige konnte sie fließend lesen, und von diesem Zeitpunkt an hielt sie eifrig mit in der Atmosphäre ständigen Studierens, die sie daheim umgab – geprägt von einem Oberschullehrer als Vater, Gymnasiasten als Geschwistern und Pensionsschülern als Spielkameraden. Der Erfolg blieb nicht aus: Maria war noch nicht 16, als sie nach einer glänzenden Schullaufbahn das Gymnasium beendete – als beste Schülerin mit einer Goldmedaille belohnt.

Der Preis für die ununterbrochene geistige Anspannung seit frühester Jugend waren allerdings deutliche Symptome nervöser Störung bei dem heranwachsenden, pummeligen Mädchen. Maria Sklodowska mußte bei Verwandten in der Provinz eine mehrmonatige Zwangspause einlegen, bevor sie an eine weitere Ausbildung denken konnte.

Ein Universitätsstudium war zu dieser Zeit in ihrer Heimat für sie nicht möglich: An polnischen Mädchenoberschulen wurden keine klassischen Sprachen gelehrt, und damit fehlte den Frauen die Möglichkeit und das Recht, sich um die Aufnahme an den Hochschulen des Landes zu bewerben. Ehrgeizige, intelligente Mädchen mußten, wenn sie studieren wollten, ins Ausland gehen.

Um das Geld für ein Studium im Ausland zu beschaffen, vereinbarte Maria Sklodowska ein ungewöhnliches Familiengeschäft mit ihrer älteren Schwester Bronia: Maria nahm 1885 eine Stelle als Gouvernante zunächst in Warschau, dann auf dem Lande an, damit Bronia von ihrem Verdienst in Paris an der Sorbonne Medizin studieren konnte. Nach ihrem Examen wollte Bronia auf dieselbe Weise ihre Schwester Maria unterstützen, damit auch sie studieren konnte.

Erst nach einer langen Wartezeit voller Entbehrungen und Demütigungen – acht Jahre, nachdem sie das Gymnasium verlassen hatte, und sechs Jahre, nachdem sie sich als Erzieherin verdingt hatte – konnte Maria Sklodowska zum eigenen Studium nach Paris gehen. Sie war inzwischen fast vierundzwanzig Jahre alt. Aus Sparsamkeit reiste sie im Herbst 1891 auf einem Klappstuhl in einem Abteil 4. Klasse durch Deutschland nach Frankreich.

Im Oktober 1891 immatrikulierte sich die junge Polin an der Mathematisch-Naturwissenschaftlichen Fakultät der

Sorbonne in Paris. Sie hörte physikalische, mathematische und chemische Vorlesungen und machte sich mit der Technik wissenschaftlichen Experimentierens vertraut. Ihr Studienanfang war dabei nicht ohne Probleme: Ihr Französisch war zunächst zu mangelhaft, um die Vorlesungen zu verstehen, und ihre Mathematik-Kenntnisse reichten nicht aus, um den Kursen in Physik folgen zu können. Kein Wunder – viele Anfangsgründe in den Naturwissenschaften hatte sich Maria Sklodowska aus mehr oder weniger zufällig erlangten Büchern selbst beigebracht, und auch ihre polnische Schulbildung konnte nicht mit der ihrer Kommilitonen verglichen werden.

Durch eisernen Fleiß und unermüdliche Arbeit schaffte Maria oder Marie, wie sie sich jetzt nannte, dennoch den Anschluß an ihr Studiensemester. Das Studium wirkte wie eine Droge auf sie, von der sie nicht genug bekommen konnte, und verschlang alle ihre Zeit. Unter ihren Lehrern waren berühmte Leute wie der Mathematiker Paul Appell und der spätere Physik-Nobelpreisträger Gabriel Lippmann, der zwölf Jahre danach der Vorsitzende der Kommission bei ihrer Doktorprüfung sein sollte. Vor und nach den Vorlesungen saß Marie Sklodowska in der Bibliothek, und nachts arbeitete sie weiter in ihrem winzigen, meist ungeheizten Dachzimmmer im 6. Stock eines großen Mietshauses im Quartier Latin. Sie brach fast alle persönlichen Kontakte ab, weil sie ihr Studium hätten beeinträchtigen können, und führte ein äußerst einsames, isoliertes und spartanisches Leben. Aus Zeit und Geldmangel aß sie so wenig und so billig wie möglich und lebte praktisch nur von Butterbroten und Tee.

Ihr enormer persönlicher Einsatz und ihr brennender Ehrgeiz lohnten sich: Als Beste ihres Jahrgangs erhielt die Studentin der Naturwissenschaften 1893 das Diplom in Physik und gewann kurz darauf das Warschauer Alexandrovitch-Stipendium von 600 Rubeln, das ihr erlaubte, ihr Studium in Paris fortzusetzen. Auf den Tag genau ein Jahr später bekam sie als Zweitbeste ihres Jahrgangs das Mathematik-Diplom. Damit war die mittlerweile sechsundzwanzigjährige Marie Sklodowska im Besitz einer akademischen Ausbildung, die jedem männlichen Studenten zur Ehre gereicht hätte und ihr den Weg freigab für ihr eigentliches Interesse, die physikalisch-chemische Grundlagenforschung. Das pausbäckige, pummelige Geschöpf, das drei Jahre zuvor nach Paris gekommen war, hatte sich in der entbehrungsreichen Zeit des Studiums in eine zarte, durchsichtige, gleichwohl äußerst disziplinierte junge Frau gewandelt. Seit dem letzten Jahr an der Universität hatte sie einen ebenso ernsthaften wie hartnäckigen Verehrer, den acht Jahre älteren französischen Physiker Pierre Curie, der in relativ bescheidener Position als Lehrer und Laboratoriumsleiter an der von der Stadt Paris gegründeten Schule für Industrielle Physik und Chemie arbeitete, aber sich bereits als Kristallograph in der Fachwelt des Auslandes einen Namen gemacht hatte.

PIERRE CURIE WARB auf ungewöhnliche Weise um die spröde, zunächst abwehrende und seit einer unglücklichen Romanze in ihrer Gouvernanten-Zeit übervorsichtige Marie Sklodowska: Er schickte nicht Blumensträuße, sondern signierte Sonderdrucke seiner Forschungspublikationen, und seine Gesprächsthemen drehten sich zunächst nur um die Wissenschaft. Offenbar hatte er Erfolg damit: Im

Juli 1895 – rund fünfzehn Monate nach ihrer ersten Begegnung – ging seine Angebetete mit ihm zum Standesamt. Das Paar verzichtete auf alle Förmlichkeiten und tauschte nicht einmal Ringe aus.

Die Ehe der Curies sollte knapp elf Jahre dauern, bis Pierre Curie 1906 bei einem Verkehrsunfall auf einer Pariser Straßenkreuzung ums Leben kam, als ihn das Hinterrad eines schweren, zweispännigen Pferdelastwagens auf regennasser Straße überrollte und ihm den Kopf zermalmte.

Zum Zeitpunkt der Hochzeit war Marie Curie nicht ganz 28 Jahre und Pierre Curie 36 Jahre alt. Die Absicht dieser Verbindung war von Anfang an nicht nur das Leben, sondern auch die wissenschaftliche Arbeit miteinander zu teilen. Trotz seiner gutbürgerlichen Herkunft aus einer elsässischen Arztfamilie war Pierre Curie nicht das, was man eine gute Partie hätte nennen können. Aber er war klug, gebildet und in seiner wissenschaftlichen Praxis Marie weit voraus – Grund genug, ihn für sie zum attraktiven Lebenspartner zu machen. Böse Zungen behaupten denn auch, Marie sei in der Folge nur auf der Grundlage des Intellekts und der Erfahrung ihres Mannes zu Ruhm und Ansehen gelangt. Das stimmt sicher nicht, auch wenn Marie Curie zu Beginn ihrer Ehe wissenschaftlich mehr von ihrem Mann profitierte als er von ihr.

Mit ihrer Heirat verlor Marie Curie keineswegs ihr wissenschaftliches Fortkommen aus den Augen. Ihre erste gemeinsame Wohnung war – wie alle späteren – spartanisch eingerichtet, und ihr eigentliches Leben spielte sich im Labor ab. Sie hatte nämlich die Erlaubnis erhalten, in der Fachhochschule für Physik und Chemie an der Seite ihres Mannes unentgeltlich zu forschen. Ihren Unterhalt mußte sie dabei von Pierres Gehalt bestreiten. Das war in diesen Tagen nicht viel höher als das eines Pariser Arbeiters.

Marie Curies erste selbständige Forschungsarbeit befaßte sich mit einem Thema aus dem Arbeitsgebiet ihres Mannes, dem Magnetismus gehärteten Stahls. Ihr Bericht darüber, 1898 kurz nach der Geburt ihrer Tochter Irène publiziert, gilt unter Fachleuten als fleißig, überlang und nicht besonders originell. Zur gleichen Zeit bereitete sie sich auf das Staatsexamen in Mathematik und Physik vor, um als Lehrerin an staatlichen Schulen unterrichten zu können. Nachdem sie 1896 auch diese Prüfung bestanden hatte, machte sie sich auf die Suche nach einem Dissertationsthema.

Der Zufall wollte es, daß Marie Curie zur rechten Zeit auf das richtige Thema stieß – auf das Problem der natürlichen Strahlung des Uran, über das der französische Physiker Henri Becquerel gerade einen Forschungsbericht veröffentlicht hatte, der aber noch nicht sonderlich beachtet worden war. Im Einvernehmen mit ihrem Mann beschloß Marie Curie, die von Becquerel gefundenen Strahlen zum Gegenstand ihrer Doktorarbeit zu machen und die kleinen, in der Luft sich ausbreitenden Mengen Elektrizität, die die Uransalze abgaben, zu messen. Die Entscheidung des Ehepaares Curie für die Becquerel'schen Strahlen sollte die wichtigste berufliche und private ihres Lebens werden.

Im Dezember 1897 begann Marie Curie die winzige Menge elektrischer Ladungen, die das Uran an die Luft abgab, mit Hilfe des sogenannten Piezo-Elektrometers, das ihr Mann zusammen mit seinem Bruder vierzehn Jahre zuvor entwickelt hatte, systematisch zu messen. Es dauerte nur wenige Wochen, bis sie festgestellt hatte: Je größer der Uranbestandteil in den untersuchten Mineralien, desto intensiver war die Strahlung, unabhängig von der Art der chemischen Verbindung, Beleuchtung und Temperatur. Marie Curie hatte damit die Strahlung als Atomeigenschaft des Urans entdeckt. Diese einfache Erkenntnis sollte die Grundlage für die Erforschung der Atomstruktur im 20. Jahrhundert werden.

Marie Curie untersuchte in der Folge so viele Proben von Metall, wie sie auftreiben konnte, und stellte dabei fest, daß nur Thorium ähnliche Eigenschaften wie Uran besaß und Strahlen aussandte. Sie gab der neuen Eigenschaft von Uran und Thorium den Namen »Radioaktivität«, meldete ihre vorläufigen Forschungsergebnisse bereits 1898 der Französischen Akademie der Wissenschaften und arbeitete unverdrossen weiter. Inzwischen beteiligte sich auch ihr Mann an ihren Experimenten, und die Curies begannen gemeinsam, Pechblende zu untersuchen, eine Uranverbindung, die weit aktivere Strahlen aussandte als das Uran selbst.

Ihre Arbeit in den folgenden Jahren ist auch der breiteren Öffentlichkeit bekannt und zum Mittelpunkt des Curie-Mythos geworden: Das Forscherpaar begann im April 1898 mit einer guten Tasse voll Pechblende – ganzen hundert Gramm – und sonderte die inaktiven Elemente mit Hilfe klassischer chemischer Techniken aus. Bereits im Juli 1898 hatten sie die eigentlich radioaktive Substanz. Von der gereinigten Substanz isolierten sie zwei neue Elemente mit weitaus stärkerer Radioaktivität als Uran. Dem einen gab Marie Curie in Erinnerung an ihr Heimatland nicht ohne nationale Sentimentalität den Namen »Polonium«. Das andere, das sich tausendmal aktiver als Uran und in der Folge als das wichtigere und interessantere erwies, nannte sie »Radium«. Zunächst waren lediglich winzige Spuren vorhanden, denn die Konzentrationen in der Pechblende betrugen weniger als ein Millionstel Teil. Von höchster Wichtigkeit war es deshalb, im Laufe der weiteren Forschungsarbeiten wägbare Mengen zu isolieren. Erst vier volle Jahre später sollte es Marie Curie gelingen, ein zehntel Gramm reines Radiumchlorid zu gewinnen. Damit wurde es möglich, beliebige wissenschaftliche Versuche anzustellen und auch schon sehr früh Radiumpräparate zur medizinischen Strahlentherapie zu verwenden.

Der Weg dorthin war mühsam: Wägbare Mengen der neuen Elemente Polonium und Radium, die die notwendigen Aussagen über deren Atomgewicht und Lichtspektrum erlaubten, konnten nur durch Verarbeitung sehr großer Massen von Ausgangsmaterial gewonnen werden. Im Laufe der nächsten Jahre verarbeiteten die Curies denn auch sechzig Tonnen Uranrückstände, die ihnen die österreichische Regierung aus ihrer Minenunternehmung in St. Joachimsthal gegen Erstattung der Transportkosten gratis zur Verfügung stellte. Diese in und vor einem alten Geräteschuppen der Ecole de Physique vorgenommenen Aufbereitungen der Pechblende hatten kaum mehr Laboratoriumscharakter.

Marie Curie spezialisierte sich dabei auf die Rolle der Chemikerin und trennte die neuen Stoffe, während ihr Mann in Arbeitsteilung die physikalischen Eigenschaften auf den einzelnen Stufen der chemischen Trennung untersuchte. Der chemische Trennungsprozeß war die eigentliche Knochenarbeit, der körperlich anstrengendere Teil und für eine Frau extrem undankbar: Es mußte mit riesigen Fässern, Bottichen und Kannen hantiert und rund um die Uhr mit einem langen Eisenstab in heißer Pechblende gerührt werden, um die Stadien der Trennung zu bewältigen.

In langwieriger, mühevoller und monotoner Arbeit, die unendlich viel körperlichen Einsatz, Geduld und Ausdauer erforderte, gelang es Marie Curie im Jahre 1902 nach gut vierjähriger Arbeit, zwei Präparate herzustellen, deren Radioaktivität wesentlich höher war als die des Uranoxids; zudem ließ sich deren Atomgewicht bestimmen. Bis zur Reindarstellung des Radiumchlorids sollten noch weitere fünf Jahre gleichförmiger chemischer Reinigung vergehen. Die Arbeit, die Marie Curie bei der Konzentration und schließlich bei der Reindarstellung der Radiumsalze ausgeführt hatte, war insofern neuartig, als sie anfänglich mit Substanzmengen umgehen mußte, die wegen ihrer verschwindend geringen Menge unsichtbar waren. Der Erfolg jeder analytisch-chemischen Operation konnte nur durch die Zunahme der Strahlung, also durch elektrometrische Messungen festgestellt werden. Dieses Verfahren, das von Pierre und Marie Curie damit in die Wissenschaft eingeführt wurde, war lange die grundlegende Arbeitsweise der Radiochemie.

Am 25. Juni 1903 legte Marie Curie an der Sorbonne ihre mündliche Doktorprüfung ab. Ihre rund hundert Seiten lange schriftliche Arbeit trug den Titel »Forschungen über radioaktive Stoffe von Frau Sklodowska-Curie«. Marie Curie wurde mit der Note »très honorable« promoviert.

Die Ergebnisse der Forschungen, die eigentlich nur eine Dissertation hatten werden sollen, begannen Kreise zu ziehen. Kurz nach Maries Promotion wurde den Curies von der Londoner Royal Society eine ihrer höchsten Auszeichnungen, die Davy-Medaille, verliehen. Noch im November des gleichen Jahres 1903 folgte der Nobel-Preis für Physik. Er wurde erst zum dritten Mal vergeben und ging im Falle von Marie Curie sogar an einen Wissenschaftler, wie er Alfred Nobel vermutlich vorgeschwebt haben mag, als er seinen Preis ausdrücklich jungen, um ihre Anerkennung ringenden Forschern für eine im Vorjahr gemachte wichtige Entdeckung zugeeignet hatte. Bei den Curies war der ihnen gemeinsam verliehene Nobelpreis nicht das Ende, sondern der Beginn von allem. Ihr beruflicher Status zur Zeit des Nobelpreises 1903 nahm sich noch sehr bescheiden aus, und ihre Laufbahn steckte in den Anfängen. Selbst als Stockholmer Laureaten hatten Pierre und Marie Curie zunächst weder Fakultätsrang an der Universität noch eigene Laborräume oder finanzielle Unterstützung. Einen Teil des mit dem Nobelpreis zuerkannten Geldes benutzten sie, um einen Assistenten für ihr Labor anzustellen und einige unentbehrliche Geräte für ihre Arbeit anzuschaffen. Um ihren Lebensunterhalt zu verdienen und in der Freizeit ihre Forschungen fortführen zu können, mußten beide weiterhin Lehraufträge annehmen – Pierre Curie gab Kurse in Physik, Chemie und Naturgeschichte an der Sorbonne, Marie Curie arbeitete als Teilzeitlehrerin für Physik an einer Mädchenoberschule in der Nähe von Paris.

Erst im November 1904 bekam Pierre Curie endlich einen Lehrstuhl für Physik an der Pariser Universität, dazu ein Laboratorium mit drei Assistenten, zu denen seine Frau als Laborleiterin gehören durfte. Es war das erste Mal, daß sich Marie Curies langjährige Investitionen an wissenschaftlicher Arbeit endlich auch in einem monatlichen Gehalt niederschlugen.

Marie Curies eigene bemerkenswerte wissenschaftliche Karriere begann letztlich erst nach dem Unfalltod ihres Mannes im April 1906: Statt sich mit der ihr angebotenen, großzügigen Staatspension zu bescheiden, setzte es die achtundreißigjährige Witwe, inzwischen Mutter zweier Töchter, der achtjährigen Irène und der zweijährigen Eve, durch, die Nachfolge Pierre Curies auf dessen Lehrstuhl an der Sorbonne antreten zu können.

Bereits am 13. Mai 1906 übernahm Marie Curie ihren Posten als außerordentliche Professorin an der Sorbonne; sie war die erste, die einen solchen Lehrauftrag erhielt. Zwei Jahre später wurde sie zur ordentlichen Professorin berufen, und fortan teilte sie ihr Leben zwischen der Sorbonne und ihrem Labor auf. 1910 veröffentlichte sie einen tausendseitigen Band *Traité de radioactivité*.

Unermüdlich forschte sie weiter und konnte im August 1911 in Brüssel einer internationalen Kommission ein Präparat von knapp 22 Milligramm reinem Radiumchlorid vorlegen, die es zum »Internationalen Radiumstandard« erklärte. Seitdem entspricht ein »Curie« der Aktivität eines Gramms reinen, natürlichen Radiums pro Sekunde. Just zu dem Zeitpunkt, als Marie Curie an dem ersten der berühmten Solvay-Kongresse in Brüssel teilnahm, erhielt sie ihren zweiten Nobelpreis, diesmal den für Chemie und ungeteilt, mit der Begründung, »daß die Entdeckung des Radiums noch nicht Gegenstand einer Auszeichnung« gewesen sei. Kritiker meinen allerdings, daß der Wert der Entdeckung des Radiums bereits mit dem Preis von 1903 honoriert worden war und man Marie Curie mit einem neuerlichen Nobel-Preis lediglich den Rücken stärken wollte: Im Jahre 1911 begegnete die Forscherin nämlich im Kreise ausländischer Kollegen einer Welle von Solidarität und Mitgefühl, als die Demütigung ihrer Abweisung durch die Französische Akademie der Wissenschaften bekannt wurde und zugleich nicht ganz unbegründete Gerüchte über eine Liebesaffäre mit dem fünf Jahre jüngeren, verheirateten Physiker Paul Langevin zu einer wilden Kampagne in der Regenbogenpresse führten.

Marie Curies Forscherleben »in Amt und Würden« dauerte nach dem zweiten Nobelpreis noch weitere vierundzwanzig Jahre. Die in gemeinsamer Arbeit mit ihrem Mann erzielten Forschungsergebnisse baute sie im Laufe der Jahre mit einem immer größeren Mitarbeiterstab weiter aus, und das Personal in ihrem Labor ersetzte ihr mehr und mehr die eigene Familie. Allein in der Zeit von 1919 bis 1934 veröffentlichte Marie Curie selbst 31 wissenschaftliche Arbeiten. Insgesamt gingen aus ihrem Institut in diesen Jahren 483 Arbeiten an die Öffentlichkeit. Die meisten Themen regte sie selbst an und überwachte auch deren Ausführung. Die Folge waren breite, internationale Anerkennung und zahlreiche Ehrungen, Auszeichnungen und Ehrendoktorate in Europa und Übersee.

Auch die französische Öffentlichkeit vergaß ihre Ressentiments schnell, als sich Marie Curie im 1. Weltkrieg als glühende Patriotin für ihre Wahlheimat zeigte: Sie zeichnete nicht nur ihre sämtlichen aus den beiden Nobelpreisen stammenden Geldvorräte als Kriegsanleihen, die prompt verloren gingen, sondern organisierte auch einen äußerst verdienstvollen fahrbaren Röntgendienst für französische Lazarette, der im Laufe des Krieges einer Million verwundeter Soldaten zugute kam. Marie Curie bildete Röntgenpersonal aus und fuhr auch selbst zum Röntgen an die Front, was ihr in der Bevölkerung beträchtliche Popularität verschaffte.

Als der 1. Weltkrieg vorbei war, stand Marie Curie ein funkelnagelneues, modernes Laboratorium zur Verfügung: das Pariser Radium-Institut, das Sorbonne und Pasteur-Institut gemeinsam finanziert hatten und das bereits 1914 fertig geworden war. Aber es fehlten nun bei Kriegsende die finanziellen Mittel für die Forschung. Mit Hilfe zweier beispielloser Propaganda-Feldzüge durch die USA gelang es Marie Curie, zwei Gramm Radium im Werte von 200 000 Dollar aufzutreiben, die nicht nur ihre wissenschaftliche Arbeit in Paris, sondern auch die in dem neuen, ihr gewidmeten Radium-Institut in Warschau sicherstellten.

Zumindest die letzte Dekade schöpferischer Arbeit scheint Marie Curie ihrer Gesundheit mühsam abgetrotzt zu haben. Sie mußte allein vier Augenoperationen über sich ergehen lassen, bis sich ihr Augenlicht stabilisierte. Sie litt an Rheuma, Muskelschmerzen, ständigen Erkältungskrankheiten, Müdigkeit und Ohrensausen. Ihre Krankheiten waren vermutlich die Folge des langjährigen Einatmens von radioaktivem Staub, gegen den sie sich niemals in ihrem Laboratorium ausreichend geschützt hatte. Mit zunehmendem Alter wuchs ihre Anfälligkeit, aber sie ließ sich dadurch nur wenig beeinträchtigen, sondern blieb, wie ihr ganzes Leben zuvor, hart gegen sich selbst.

Auch in ihren späten Jahren, als Marie Curie hochangesehen, prominent und einflußreich war, war ihre persönliche Lebensführung bescheiden, ja asketisch wie in den Anfängen ihrer Jugend und äussersten Geldknappheit. Sie entdeckte allerdings ein neues Vergnügen für sich: Sie reiste teils in offizieller, teils in inoffizieller wissenschaftlicher Mission durch die halbe Welt.

Schon bevor sie 1932 ihrer Tochter Irène die Leitung ihres Laboratoriums übertrug, widmete sie sich auch politischen

Interessen und arbeitete u. a. in der Internationalen Kommission für geistige Zusammenarbeit beim Völkerbund mit, zu der auch Albert Einstein gehörte, mit dem sie eine langjährige Freundschaft verband.

Marie Curie starb mit knapp siebenundsechzig Jahren am 4. Juli 1934 während eines Sanatoriumsaufenthaltes in Sancellemoz in den Schweizer Savoyen. Die Ärzte gaben perniziöse Anämie als Todesursache an und erklärten, ihr Knochenmark sei durch radioaktive Strahlung zerstört gewesen und habe keine neuen roten Blutkörperchen mehr bilden können. Madame Curie hätte also vielleicht noch sehr viel länger leben können, wenn sie nicht das Radium entdeckt und lange unter primitiven Umständen damit gearbeitet hätte.

Leona Siebenschön

Maria Montessori

Als erste Frau Italiens bestand Maria Montessori das ärztliche Doktorexamen und wurde damit Dottoressa – ein Name, der ihr ein Leben lang blieb, woran auch die Tatsache, daß sie letztendlich nicht die Medizin, sondern die Pädagogik zum Mittelpunkt ihres Lebens gemacht hatte, nichts änderte. Leona Siebenschön erinnerte 1977 an die wohl bekannteste Pädagogin unseres Jahrhunderts, die sowohl Intelligenz als auch Schönheit in ihrer Person vereinte.

FÜR DIE WELT war und ist sie die Säulenheilige der Pädagogik, die das Erziehungssystem der ganzen Welt revolutioniert hat. Für ihre Anhänger war sie »eine phantastische Persönlichkeit, die absolute Autorität gleich nach dem lieben Gott«. Männer rühmten die Eleganz und Anmut der charmanten Römerin, die Grazie »der entzückend emanzipierten Frau, die trotz Studium, Beruf, Karriere ihre Weiblichkeit nicht verloren hat«. Freunde lobten die Kochkunst und mütterliche Güte ihrer »Mammolina, in deren Gegenwart wir wieder Kinder waren«. Sie selbst sagte von sich: »Ich bin zu allein auf dieser Welt.« Eine widersprüchliche Person: Maria Montessori, geboren 1870, als Europa nach revolutionären Hoffnungen in Apathie erschlafft war, gestorben 1952, als das vom Faschismus befreite Europa seine Utopie im Wohlstand resignierend wieder vergaß. Maria Montessori gilt nicht nur als exemplarische Figur und außerordentliche Frau ihres Jahrhunderts – sie hat dieses Jahrhundert tatsächlich geprägt und ist für uns bis heute beispielhaft. Denn was sie brauchte, um ihren Willen zu verwirklichen, braucht noch heute jede Frau, die sich mit Unrecht und Ungerechtigkeit (auch wenn sie Norm sind) nicht abfinden will. Sie dachte und tat Dinge, so urteilt ihre Biographin Rita Kramer, »die niemand vorher in den Sinn gekommen waren«.

Ginge es nur um die Erziehungswissenschaft, das Feld ihrer Erfolge, wir könnten es den Honoratioren überlassen, die berühmte Dottoressa zu feiern. Aufschlußreich und bemerkenswert an dieser Frau, die zum Denkmal pädagogischer Weisheit erstarrt ist, finde ich die Aktualität der Probleme, mit denen sie zu kämpfen hatte, und der Konflikte, die ihren Weg kennzeichnen. Ein Jahrhundert liegt zwischen ihr und uns. Aber was hat sich für uns geändert?

Kein Zweifel, daß sie es ungleich schwerer hatte, die behütete Tochter im Italien der Jahrhundertwende, als sich Frauen ohne Begleitung noch nicht einmal auf die Straße wagten. Gegen ihren Vater, der seinem einzigen Kind allenfalls als Dame der Gesellschaft eine glänzende Rolle zu spielen erlauben wollte, und gegen die gesamte schockierte Umwelt setzte die junge Maria ihren Willen durch; sie wollte Medizin studieren trotz der vereinten Abwehr einer argwöhnisch-überheblichen Studenten- und Professorenschaft. Männer unter sich, denen eine Frau in der »Anatomie« ungeheuerlicher erschien als Leichen. Schließlich soll

Maria Montessori
Foto: Ass. Montessori Int., Amsterdam

es ihr, wie man erzählte, nur in letzter Instanz gelungen sein (dank Fürsprache des Papstes Leo XIII.), die Zulassung zu bekommen, um dann in den Gängen der Universität unverhohlener Feindschaft zu begegnen, Gelächter, Pfiffen, anzüglichen Reden. Doch sie ließ sich weder provozieren noch beirren. Sie muß, schreibt Rita Kramer, »unerschütterlich gewirkt haben« und jedenfalls für die Herren eine beschämende Herausforderung gewesen sein: Denn dieses schöne Weib, das sie war, studierte ernsthafter, zielstrebiger, erfolgreicher als ihre Kommilitonen, gewann Preise, bekam Stipendien, erhielt die begehrte Stellung eines Assistenten, spezialisierte sich hervorragend in der Psychiatrie, machte ihren Doktor *laurea* und wurde stets von den Herren nur deshalb akzeptiert, häufiger hofiert, immer umschwärmt, weil sie so hübsch anzusehen, elegant gekleidet, sorgfältig frisiert war, »ein Triumph weiblicher Grazie«, wie ein Zeitgenosse schrieb.

Sie hat die Vorurteile ihrer Zeit (die heute kaum andere sind) klug genutzt auf ihrem Weg, der sie beispiellos zu immer größeren Erfolgen führte und der für sie gleichwohl nie weniger besagte als unermüdlich, unerschrocken: Arbeit für andere.

Von der Medizin zur Psychiatrie und von der Erfahrung mit geistig behinderten Kindern dann zur praktischen Pädagogik, zunächst als konkrete Förderung sozial Benachteiligter einer engstirnig profit- und klassenbewußten Umwelt abgetrotzt.

In konkreter Beobachtung hatte Maria Montessori begriffen, daß Kinder nicht (wie bis dahin üblich), durch stures Pauken lernen, sondern nach »sinnlichen Erfahrungen hungern«, berühren, befühlen, begreifen wollen. Die Mittel und Methoden, die sie durch Beobachtung und Praxis für geistig und sozial geschädigte Kinder entwickelt hat, erwiesen sich als bahnbrechende Neuerungen, um Kinder überhaupt zu fördern gemäß ihrem zum Schlagwort gewordenen Grundsatz »Hilf mir, es selbst zu tun«; und sie bewähren sich bis heute, wenn der Erzieher ihrer Erkenntnis folgt: zu lenken und nicht zu lehren, d.h. das schöpferische Tun des Kindes zu respektieren.

Um Vor- und Nachteile der mittlerweile zum Dogma oder gar zur Heilslehre erhobenen »Montessori-Methode« müssen wir nicht streiten. Daß sie bis heute umstritten ist, wie sie es von Anfang an war, beweist die Zündkraft ihrer Idee und die Kraft dieser Person, die von Nachfolgern und Nachahmern nur zu leicht mißbraucht, wenigstens mißdeutet werden konnte, und die selbst jenseits jeder Lehrmeinung das Eine gewollt hat: »Kinder so zu erziehen, daß sie wissen, wie sie sich und andere aus der Unterdrückung befreien können.« Überzeugt, daß jedes Kind in der richtigen, nämlich zu Spiel und Arbeit anregenden Umwelt »unerwartete soziale Eigenschaften offenbart«, wollte sie, beim Kind beginnend, »eine neue Welt schaffen«, in der es keine Benachteiligung mehr geben würde, weder für Kinder noch für Frauen, Arme oder Alte.

Befragt, ob sie eine »Suffragette« sei, antwortete sie im Alter, füllig geworden, imposant, gütig, eine universelle Großmutter, nicht anders als in ihrer Jugend, da alle Welt die Vorträge der »charmanten Ärztin und schönen Gelehrten« hören wollte: Natürlich sei sie Feministin, denn »die Frauenbewegung als eine der großen sozialen und politischen Entwicklungen« müsse unterstützt werden, weil sie »das Menschengeschlecht und das Individuum weiterbringt«.

Sie hat mit und für Frauen gearbeitet; und sie hat mit und durch Frauen die bis heute unvermeidlichen Enttäuschungen erleben müssen: zu gut oder gar nicht verstanden zu werden, und sich beständig gegen Mißverständnisse einer übereifrigen Gefolgschaft verteidigen zu müssen. Ihre Stärke, die Kühnheit, auch die rigoros wirkende Entschlossenheit einer tatsächlich allen überlegenen Person, wurde gerade denen zur Hürde, die ihr am unbedingtesten ergeben waren, sich aber um so kritischer mit der »vergötterten Lehrerin« auseinandersetzen mußten, je überzeugter sie selbst das Montessori-Ideal zum Maßstab ihrer Arbeit nahmen. Ausgerechnet die Frau, die Kinder zur Selbständigkeit befähigen wollte, verweigerte ihren Mitarbeiterinnen jeden Vorgriff auf Selbständigkeit in der gemeinsamen Sache; und wo ihr das nicht gelang, endete die Gemeinsamkeit in Mißtrauen oder Abfall. »Immer wieder brach sie mit jenen, die versuchten, selbständig ihre Ideen in einer anderen Richtung zu verwirklichen«, schrieb eine Vertraute der späten Jahre.

So kam es, daß Maria Montessori, von der Studienzeit bis ins hohe Alter stets erfolgsgewohnt und überall, von Amerika bis Indien wie eine autonome Königin gefeiert, von Kaisern, Päpsten, Diktatoren respektvoll empfangen und immer von gehorsamer Gefolgschaft begleitet, sich dennoch einsam fühlte; worüber sie sich nicht beklagte, was sie vielmehr begriff als eine Art Tribut für das, was ihr im Leben einzig wichtig war: ihre Idee durchzusetzen, konkret am einzelnen Kind, und dann die ganze Welt, bedürftig wie sie war und ist, zu dieser Idee von einer besseren Welt zu bekehren.

WIE WICHTIG ihr diese Lebensaufgabe war – sie selbst sprach von »kämpfen« – zeigen die einschneidenden Entscheidungen, die zugunsten von Arbeit und Beruf getroffen, die private Sphäre stets empfindlich trafen. Sie war begehrt, aber sie ignorierte Geselligkeit, Männer-Beziehungen. Sie liebte (einen Mann) und wurde geliebt, aber sie heiratete nicht. Sie bekam ein Kind, aber sie gab es zu Fremden; »eine der auffallenden Ironien in ihrem Leben«, so Rita Kramer: »daß sie, unfähig, ihr eigenes Kind aufzuziehen, ihr Leben dem Wohlergehen der Kinder überall auf der Welt weihen wollte«.

Doch ihre Widersprüche liegen mehr in ihrer Wirkung als in der Person, deren Durchsetzungsvermögen anderen als »Herrschsucht« erschien, deren unbeugsamer Wille anderen zum Starrsinn wurde und deren Selbstbewußtsein, auch Anspruch (am meisten sich selbst gegenüber) immer ein Affront war. Sie, das »hübsche Fräulein Doktor«, berühmt, aber nicht vermählt, bestand auf der Anrede »Madame«. Wenn man ihr widersprach, stampfte sie mit dem Fuß auf. Wer geschäftlich oder wissenschaftlich Verrat beging und sie betrog (was regelmäßig geschah), den traf ihr Bann wie Gottesfluch. »Sie konnte ausbrechen wie ein Vulkan.« Mit wahrhaft heiligem Zorn reagierte sie allergisch auf jeden Akt, auch die geringste Andeutung dessen, was sie treffend »Ausbeutung« nannte und haßte wie nichts sonst.

Sie war ihrer Zeit voraus und uns auch. Denn sie lebte, ihrer Zeit und dieser Welt zum Trotz, sich selbst: die Frau, die in ihrer Überzeugung unbeirrt, sich durch niemand und nichts einengen ließ, herunterdrücken auf ein Maß, das ihr wie uns unangemessen ist. Gegen Ungerechtigkeit und Undank, Mißbrauch und Ausbeutung war sie wehrlos. Sich selbst aber hat sie nie beeinträchtigen lassen kraft einer Ich-Stärke, die sie ausschließlich einem Menschen verdankte: Ihre Mutter hat vom ersten Tage an auf das werdende Ich Marias gesetzt, sie immer ermutigt, angespornt, hat die werdende Person gegen alle und alles bestärkt (am meisten gegen den Vater), hat nahezu besessen mit und für die werdende Erfolgsfrau gearbeitet, ihr als einzige uneingeschränkt die Gewißheit mitgegeben, daß Veränderung möglich ist, und daß sie, die Tochter, diese Veränderung bewirken kann. Womit die Mutter immerhin, in den Grenzen einer Maria Montessori, Recht behalten hat.

Max Gallo
Rosa Luxemburg

Mit ihrem Namen verbindet man zunächst Schlagworte wie Revolution, Sozialismus, Kommunismus und dergleichen. Und dennoch gab es eine zweite, gänzlich andere Seite an dieser Frau, die sich nach einem Kind sehnte und den Tränen nahe war, wenn man vor ihren Augen ein Tier mißhandelte.
Max Gallo zeichnet im Prolog, den er seiner Luxemburg-Biographie vorangestellt hat, die sehr komplexe und teils widersprüchlich anmutende Persönlichkeit der Politikerin nach.

DA WAR SIE nun an jenem Abend des 15. Januar 1919 in Berlin: Rosa Luxemburg, eine wehrlose Frau mit grauen Haaren und eingefallenen Wangen, müde und übernächtigt, der große Kopf mit der kräftigen langen Nase, das Gesicht faltig und bleich, in einen Mantel gehüllt, der die große Brust nur ahnen ließ, den Körper ein wenig gebeugt, eine alte Frau, die älter wirkte als eine Achtundvierzigjährige. Einer der Soldaten, die sie umringten, zwang sie mit einem Stoß zum Weitergehen, und die höhnische, haßerfüllte Menge in der Halle des Eden-Hotels empfing sie mit Schmährufen. Sie begann, stark zu hinken.

Dann straffte sich ihre Gestalt wieder. Würdevoll umklammerte sie mit ihren behandschuhten Händen den kleinen Koffer und versuchte, ihre Behinderung zu verbergen. Sie bot der Menge die Stirn und blickte die Soldaten, die sie beleidigten, und die Hotelgäste, die sie angrinsten, aus dunklen und stolzen Augen an.

Der Mantel, die Figur, ihr ganzes Äußeres erinnerte an eine gewöhnliche deutsche Bürgersfrau, doch der stolze Ausdruck auf ihrem Gesicht unterstrich, was sie mehrfach geschrieben hatte: »Ich habe vor nichts Angst.« Oder: »Ich bin in letzter Zeit hart geworden wie geschliffener Stahl.«

Und diese Männer in den uneinheitlichen Uniformen, Soldaten der Garde-Kavallerie-Schützendivision, eines neu gebildeten Freikorpsverbands, die gerade auf den Straßen Berlins die Genossen dieser Frau erschossen hatten, fühlten sich durch den geringschätzigen, ja fast mitleidigen Blick der Rosa Luxemburg, der »roten Rosa«, der »Jüdin«, beleidigt.

Sie haßten alles, was diese Frau seit über zwei Jahrzehnten in Deutschland verkörperte: den unerschütterlichen Glauben an die Ideen des Sozialismus, den Antimilitarismus und den Widerstand gegen den Krieg, den sie im November 1918 verloren hatten. Sie warfen ihr vor, sie hätte ihnen einen Dolchstoß in den Rücken versetzt – sie und all die anderen Revolutionäre wie dieser Karl Liebknecht, die es abgelehnt hatten, die Kriegskredite zu bewilligen. Sie, eine Polin, eine Jüdin und naturalisierte Deutsche, hatte sich an die Spitze der Revolution gestellt, die seit den schwarzen Tagen im November 1918 Deutschland erschütterte, den Kaiser zur Abdankung gezwungen hatte, Heer und Marine zersetzte und in den Großstädten bewaffnete Arbeiter auf

Rosa Luxemburg

die Straße getrieben hatte, die davon träumten, es den Bolschewiken Lenins nachzutun.
Rosa Luxemburg hatte sie indoktriniert und in der Zeitung *Rote Fahne*, die sie leitete, aufgehetzt.
In den vorausgegangenen Tagen hatten die Soldaten den Aufstand in der Reichshauptstadt erbarmungslos niedergeschlagen. Sie waren jetzt die Herren. Und doch hatte Rosa sie in ihrem letzten Artikel herausgefordert: »Ordnung herrscht in Berlin! Ihr stumpfen Schergen. Eure ›Ordnung‹ ist auf Sand gebaut. Die Revolution wird sich morgen schon ›rasselnd wieder in die Höh' richten‹ und zu eurem Schrecken mit Posaunenklang verkünden: *Ich war, ich bin, ich werde sein!*«
Aber sie hatten sie aufgespürt, festgenommen und ins Eden-Hotel mitten in Berlin gebracht, wo das Stabsquartier der Division untergebracht war. Und Hauptmann Waldemar Pabst, der erste Stabsoffizier der Division, hatte sie verhört. Sie sollte erfahren, wer künftig den Ton angab.
Sie traten an sie heran, stießen sie, schlugen sie. Und vielleicht dachte sie daran, was sie einst geschrieben hatte: »Ich werde trotzdem hoffentlich auf dem Posten sterben: in einer Straßenschlacht oder im Zuchthaus.«
Sie taumelte unter den Schlägen, und vielleicht bekam sie, trotz ihrer Charakterstärke und ihres Willens zum Widerstand, Angst, wie schon früher so oft, wenn sie daran gedacht hatte, wie wenig Zeit zu leben ihr noch blieb und wieviel sie noch zu lernen hatte.
Aber sie schützte nicht einmal ihr Gesicht. Was konnte sie schon ausrichten gegen diese Männer, die der Krieg zu Mördern gemacht hatte?
Sie ergab sich in ihr Schicksal. Sie hatte alle Risiken auf

sich genommen. Sie hatte, wie sie selbst sagte, »genug Temperament« besessen, »um eine Prärie in Brand zu stecken«. Sie hatte wie der »Donnerschlag« zwischen die Leute fahren wollen. Sie hatte in den politischen Schlachten an vorderster Front gekämpft. Sie hatte geliebt. Und sie war ihrem Schwur treu geblieben, den sie am Anfang ihrer politischen Arbeit geleistet hatte: »Ich bin und will … ein Idealist bleiben.«

Sie hatte den Respekt vor den anderen nie verloren. Sie hatte die Welt und das Leben geliebt, und zwar so, wie sie waren: »Die Welt ist so schön bei allem Graus und wäre noch schöner, wenn es keine Schwächlinge und Feiglinge auf ihr gäbe.«

Die Soldaten umringten sie und schlugen auf sie ein. Männer, die in diesem Krieg, der über vier Jahre gedauert hatte, verroht waren. Sie hatte gegen diesen Krieg gekämpft, weil er ein Rückfall in die Barbarei war und weil er, wie sie gefürchtet und prophezeit hatte, eine Periode einleiten werde, die zum »Untergang aller Zivilisation« führe.

Sie hatte sich nicht getäuscht.

»Ich werde den Anblick nie wieder los«, berichtete später ein Dienstmädchen des Hotels Eden, »wie man die arme Frau niedergeschlagen und umhergeschleift hat.«

Rosa richtete sich wieder auf. Sie hatte geschrieben, man müsse alles, was in der Gesellschaft und im Privatleben geschehe, mit Gelassenheit nehmen, die Dinge im Ganzen sehen und lächelnd akzeptieren: »So ist eben das Leben seit jeher, alles gehört dazu: Leid und Trennung und Sehnsucht. Man muß es immer mit allem nehmen und alles schön und gut finden.«

Aber das war für sie niemals Fatalismus gewesen. Sie hatte die Welt von Grund auf verändern wollen, aber nicht um jeden Preis: »Eine Welt muß umgestürzt werden, aber jede Träne, die geflossen ist, obwohl sie abgewischt werden könnte, ist eine Anklage, und ein zu wichtigem Tun eilender Mensch, der aus roher Unachtsamkeit einen Wurm zertritt, begeht ein Verbrechen.«

Und sie hatte auch ihr eigenes Leben »retten« wollen: »Es ist eine Tatsache, ich habe verdammt Lust, glücklich zu sein, und wäre bereit, Tag für Tag um mein Portiönchen Glück mit dem Starrsinn eines Tauben zu handeln.«

Sie hatte inzwischen fast den Nebenausgang des Hotels erreicht. Draußen wartete ein Auto voller Soldaten, die sie, so hatte man ihr mitgeteilt, ins Berliner Gefängnis Moabit bringen sollten. Aber einer der Soldaten, ein Jäger mit schwarzem Schnauzbart, tiefliegenden Augen und hohlen Wangen, trat mit erhobenem Gewehr auf sie zu und schlug ihr den Kolben auf den Kopf.

Sie fiel zu Boden. Der Soldat versetzte ihr einen zweiten Hieb an die Schläfe.

Der Mann hieß Runge.

Einige Monate zuvor hatte Rosa Luxemburg als Häftling im Breslauer Gefängnis gesehen, wie ein Soldat wütend auf rumänische Büffel einschlug, die vor einen Karren gespannt waren.

Bei diesem Anblick begann Rosa zu weinen. »Das Tier blickte mich an«, hatte sie geschrieben, »mir rannen die Tränen herunter – es waren seine Tränen ... Wie weit, wie unerreichbar, wie verloren die freien, saftigen, grünen Weiden Rumäniens! ... Und hier – diese fremde, schaurige Stadt, der dumpfe Stall, das ekelerregende muffige Heu mit faulem Stroh gemischt, die fremden, furchtbaren Menschen, und – die Schläge, das Blut, das aus der frischen Wunde rinnt…«

Rosa Luxemburgs Gesicht war blutüberströmt.

»Der Soldat aber«, schrieb sie weiter, »steckte beide Hände in die Hosentaschen, spazierte mit großen Schritten über den Hof, lächelte und pfiff leise einen Gassenhauer. Und der ganze herrliche Krieg zog an mir vorbei…«

Runge handelte auf Befehl, als er Rosa Luxemburg erschlug. Kurz zuvor hatte er auch Rosas Genossen, Karl Liebknecht, mit dem Gewehrkolben niedergestreckt. Auch ihn hatte man durch die Halle des Eden-Hotels gezerrt.

Jetzt hoben die Soldaten Rosas Körper auf. Blut rann ihr aus Mund und Nase.

Sie trugen sie zum Auto. Einer ihrer Schuhe fiel zu Boden. Ein Soldat hob ihn auf und schwenkte ihn lachend über dem Kopf wie ein Siegeszeichen. Die lächerliche Trophäe eines Verbrechens.

Sie setzten Rosa zwischen die beiden Soldaten auf den Rücksitz. Kaum war das Auto losgefahren, wurde aus allernächster Nähe ein Schuß auf sie abgefeuert. Er war im Hotel zu hören.

Wer war der Mörder? Oberleutnant Kurt Vogel? Oder der Leutnant zur See Wilhelm Souchon?

Niemand hat vom Leben dieser Männer mehr in Erinnerung behalten als diese eine Tat, und auch sie erwähnt man nur, um der Barbarei ein Gesicht zu geben.

Denn vergessen wir nicht: Die Babarei ist niemals anonym. Es muß immer einen Mann geben, der mit dem Kolben zuschlägt oder den Abzug des Revolvers betätigt.

Immer steht am Ende der Befehlskette ein Mann, der die

Macht hat, zu entscheiden, ob er die Tat begehen will, die ihm befohlen wurde.

Rosa hatte an das Gewissen geglaubt. Sie hatte diese höchste Freiheit beansprucht, und nicht nur für sich selbst, sondern auch für das Volk oder, wie sie selbst sagte, die »Massen«, in die sie ihre ganze Hoffnung setzte, obgleich sie auch geschrieben hatte: »Unterdrückung, Willkür, Unrecht, Armut, Abhängigkeit… modeln die Menschen geistig in bestimmter Weise.«

Sie warfen ihre Leiche von einer Brücke in den Landwehrkanal. Und wie es heißt, soll ihr einer der Soldaten nachgerufen haben: »Die alte Sau schwimmt schon.«

SCHON AM NÄCHSTEN TAG wußte ganz Berlin, daß die Frau, die seit zwanzig Jahren alle Mächtigen herausgefordert und bei unzähligen Versammlungen ihre Zuhörer begeistert hatte, tot war. Sie, eine einfache Frau, hatte es all denen gezeigt, die sich als die großen Erben der Marxschen Lehre verstanden: den Bernsteins, den Kautskys, den Lenins. Sie hatte gegen sie polemisiert, als Philosophin, als Nationalökonomin, als Essayistin.

Und selbst nach Lenins Sieg 1917 in Petrograd war sie nicht verstummt. Sie monierte die »Vermessenheit« des Bolschewikenführers oder den »Tatarenmarxismus«, »der einem auf die Nerven geht«. Und sie las den Russen die Leviten, indem sie auf die Notwendigkeit der Demokratie verwies und immer wieder betonte: »Freiheit ist immer nur Freiheit des Andersdenkenden.«

»Lenin«, so hatte sie geschrieben, »vergreift sich völlig im Mittel: Dekret, diktatorische Gewalt der Fabrikaufseher, drakonische Strafen, Schreckensherrschaft…«

Rosa Luxemburg besaß Weitblick. Sie hatte recht, als sie sagte: »Das öffentliche Leben der Staaten mit beschränkter Freiheit ist eben deshalb so dürftig, so armselig, so schematisch, so unfruchtbar, weil es sich durch Ausschließung der Demokratie die lebendigen Quellen allen geistigen Reichtums und Fortschritts absperrt.«
Während nach ihrem Leichnam gesucht wurde, schrieb der 21jährige Bertolt Brecht:

> Die rote Rosa nun auch verschwand.
> Wo sie liegt, ist unbekannt.
> Weil sie den Armen die Wahrheit gesagt,
> haben die Reichen sie aus der Welt gejagt.

Einige Monate später, am 31. Mai 1919, wurde in der Nähe einer Schleuse die Leiche einer Frau aus dem Landwehrkanal gezogen. Man erkannte die Handschuhe Rosa Luxemburgs, Teile ihres Velourkleids, einen goldenen Ohranhänger.
Aber das Gesicht war nicht wiederzuerkennen, denn der Körper war längst in Verwesung übergegangen.
Sie wurde identifiziert und am 13. Juni beerdigt. Aber der Mensch, der da zu Grabe getragen wurde, war nur noch eine Symbolfigur, als sei die wirkliche Frau, die so vielseitig und launenhaft gewesen war, für immer ausgelöscht worden, als seien nur noch Zerrbilder von ihr geblieben.
Für die einen war sie eine heroische Revolutionärin, für die anderen eine »gefährliche Agitatorin«, die zum Wohle Deutschlands beseitigt werden mußte und letztlich nur jenem »politischen Terror« zum Opfer gefallen war, den sie selber entfesselt hatte.
Im Jahr 1962, dreiundvierzig Jahre nach ihrem Tod, erklär-

te die deutsche Bundesregierung, bei dem Mord habe es sich um eine »standrechtliche Erschießung« gehandelt.
Nun war Rosa Luxemburg aber weit mehr als eine Agitatorin, die von den »Schergen« ermordet wurde. Nicht ohne eine gewisse Koketterie sagte sie über sich selbst, sie sei in jedem Augenblick anders und das Leben bestehe nur aus Augenblicken.
Und wenn sie heute, so viele Jahre nach ihrem Tod, noch immer nicht vergessen ist, obwohl die Worte und Ideen, an die sie glaubte – Marxismus, Revolution, Proletariat, Sozialismus – anscheinend zu Staub zerfallen sind, und andere, die sie ablehnte – Kapitalismus und Nationalismus – ihre Stärke demonstriert haben, so nicht zuletzt deshalb, weil sie sich nicht auf ein Zerrbild reduzieren läßt.
Ihr Denken ließ sich nicht in ein Schema pressen. Sie investierte in die Zukunft, weil sie es gewagt hatte, intensiv alle Widersprüche ihrer Persönlichkeit auszuleben und jede Sache zu Ende zu führen, in ihrem Privatleben wie in der Politik.
Noch heute, am Ende des 20. Jahrhunderts, kann uns ihre Grenzerfahrung Auskunft darüber geben, wer wir selber sind, wie wir sein sollten und könnten und wie es um die Welt um uns herum bestellt ist. Denn in vielerlei Hinsicht führt uns das ausgehende 20. Jahrhundert, über die Gräber von Millionen Opfern hinweg, zu den Fragen zurück, die sich am Ende des 19. Jahrhunderts stellten, in jenen Jahren, als Rosa Luxemburg lebte.
»Wie herrlich ist die Zeit, in der wir leben«, schrieb sie 1906. »Herrlich eine Zeit, die massenhaft Probleme und gewaltige Probleme aufwirft, die Gedanken anspornt, ›Kritik, Ironie und tiefere Bedeutung‹ anregt, Leidenschaften auf-

peitscht, und vor allem – eine fruchtbare, schwangere Zeit ist.« Es ist wahr, sie lebte und starb in einer Zeit des Übergangs wie der unseren, in einer Zeit, in der eine alte Welt unterging und eine andere aus den Trümmern des Krieges erstand.

Ihre Genossen errichteten Sowjetrußland – und die Schreckensherrschaft, die sie vorausgesehen hatte –, und ihre Mörder, die Angehörigen der Freikorps, verhalfen Hitler zur Macht.

In einem Moment, als die Zukunft Europas und der Welt auf dem Spiel stand, war sie eine der Hauptakteure bei den Ereignissen in Deutschland, deren Ausgang die Geschichte des 20. Jahrhunderts maßgeblich beeinflussen sollte.

Und sie verfolgte das Geschehen mit klarem Verstand: »Enthusiasmus, gepaart mit kritischem Sinn«, sagte sie, »was können wir uns mehr wünschen?«

Aber sie war auch eine Frau, die in dieser Zeit des Übergangs »in vollen Zügen leben« wollte.

Sie wollte auf nichts verzichten. Sie stellte sich dem nie gelösten Konflikt zwischen privatem und öffentlichem Leben, ja sie fragte sogar nach dem Sinn und der Legitimität der politischen Aktion, denn sie wußte, daß das Gefühlsleben dabei zu kurz kam. Die Politik nahm sehr viel Zeit in Anspruch und konnte Beziehungen zerstören, denn man mußte ihr alles opfern, was nichts mit Politik zu tun hatte. Und Rosa sträubte sich dagegen und verfluchte die Konsequenzen ihres Engagements. Sie, der man nachsagt, sie habe nur für die Politik gelebt, wetterte gegen ihren Geliebten und politischen Mentor Leo Jogiches: »Du wurdest mir verhaßt als derjenige, der mich für immer an diese verfluchte Politik geschmiedet hat.«

Und sie fuhr fort: »Insbesondere verhaßt wurde mir auch die ganze Politik« derentwegen ich ... die Briefe von Vater und Mutter wochenlang nicht beantwortete ... Das ist so ein idiotischer Baaldienst, sonst nichts, wobei die ganze menschliche Existenz der eigenen Zerrüttung, einer geistigen Rotzkrankheit zum Opfer gebracht wird. Würde ich doch an Gott glauben, dann wäre ich überzeugt, daß uns Gott für diese Qual schwer strafen wird.«

Aus den Zerrbildern, die man von ihr gezeichnet hat, sei es, um ihr ein Denkmal zu setzen, sei es, um ihren Leichnam mit Füßen zu treten, scheint nun das Bild einer Frau auf, die hin- und hergerissen ist. Sie muß sich in einer Männerwelt und in einer Zeit des Krieges behaupten, dem Gefängnis und den Soldaten trotzen, als Revolutionärin sterben, und doch beklagt sie sich: »Es ist so leer und stumpfsinnig zu Haus ohne Kind.« Und schüchtern fragt sie ihren Geliebten: »Werden wir nie eins haben können? Ach, Liebling, werde ich nie so ein Würmchen haben?«

Doch sie macht weiter, angespannt, voller Zweifel, erklimmt die Rednertribüne, ruft zum Kampf auf und sagt leise zu sich: Mich durchbohrt jedesmal der Gedanke: Was für ein Leben war das! Was hat dieser Mensch durchgemacht, wozu hat er gelebt?

Wer von den Männern und Frauen, die zu Symbolfiguren einer Epoche wurden, hat sich im Rausch des Handelns und der eigenen Bekanntheit den bohrenden Zweifel bewahrt und vor allem, was hat ihn mit solcher Schärfe und Deutlichkeit ausgesprochen?

Welches Schicksal kann uns besser als das Leben Rosa Luxemburgs begreifen helfen, was eine Persönlichkeit ausmacht, wie seelische Störungen und Sehnsüchte einen

Menschen dazu bewegen können, die Initiative zu ergreifen, ihn dazu anspornen, zu handeln, sich in einer Gruppe durchzusetzen und für seine Ideen einzutreten?
Und weil Rosa Luxemburg unverblümt über sich spricht, spricht sie auch zu uns und über uns.
Der Tod sortiert die Menschen unbarmherzig. Diejenigen, die scheinbar noch im Vollbesitz ihrer Kräfte waren, doch im Grunde schon nicht mehr lebten, entreißt er uns für immer, aber er läßt uns die Erinnerung an jene, die sich bis zum Schluß den Fragen gestellt haben.
Rosa gehört zu den letzteren.
»Warum«, sagt sie, »warum muß ich im Leben durch lauter stechende und schneidende Eindrücke gehen, wo in mir ewig die Sehnsucht nach ruhiger Harmonie weint? Warum stürze ich mich immer wieder in die Gefahren und Schrecken neuer Situationen …?«
Ja, warum nur?
Um nie mehr jenes kleine Mädchen zu sein, das 1871 das Licht der Welt erblickt, eine gehbehinderte Jüdin, die sich am Gymnasium in Warschau behaupten muß, an dem die Lehrer nur russisch sprechen und polnische Jüdinnen bestenfalls geduldet werden? Ist ihr Leben nicht eine Flucht vor den demütigenden Lebensbedingungen, denen eine Frau, eine Behinderte und Jüdin obendrein ausgesetzt ist?
Und dennoch schreibt sie in dieser Zeit des Antisemitismus an eine ihrer Brieffreundinnen: »Was willst Du mit den speziellen Judenschmerzen? Mir sind die armen Opfer der Gummiplantagen in Putumayo, die Neger in Afrika, mit deren Körper die Europäer Fangball spielen, ebenso nahe.«
Oder wird aus Rosa Luxemburg deshalb die rote Rosa, weil ihr die Liebe fehlt, weil sie von einem Heim, einem Kind

träumt und weil dieser Traum nicht in Erfüllung geht, da es ihr trotz aller Bemühungen nicht gelingt, eine gleichberechtigte Beziehung zu einem Mann aufzubauen, sei es, weil ihre Partner sie beherrschen wollen, sei es, weil sie ihre Kraft fürchten und deshalb auf Distanz gehen oder – häufig sind sie viel jünger als Rosa – sich ihr gegenüber wie Kinder benehmen, die von ihr geführt und beschützt werden wollen? Und warum hat sich Rosa Luxemburg solche Männer ausgesucht?

Aber ist Rosa in ihrer Ernüchterung und Enttäuschung darüber, daß ihr ein einfaches, friedliches Familienleben versagt bleibt – »eigentlich bin ich zum Gänsehüten geboren«, hat sie geschrieben –, nicht auch typisch für unsere Zeit, in der ehrgeizige Frauen, die am öffentlichen Leben mitwirken wollen – was immer man davon halten mag –, Schwierigkeiten haben, zu ihren Lebensgefährten eine stabile und vertrauensvolle Beziehung aufzubauen?

Es ist, als habe Rosa auch auf diesem Feld die Probleme unserer Zeit erforscht und vorausgesehen, so wie sie auch die Probleme des Systems vorausgesehen hatte, das Lenin im Namen des Sozialismus errichtete. Rosa eine Seherin? Eine Prophetin?

Weil sie intelligent war? Weil sie die Dinge stets im Zusammenhang sah?

Lenin kritisierte ihre Ansichten, erkannte aber durchaus ihr Talent. So schrieb er: »Wohl traf sich's, daß des Adlers Flug ihn niedriger, als Hühner fliegen, trug, doch fliegen Hühner nie auf Adlershöh'n.« Rosa, ein Adler?

Aber anders als bei so vielen anderen intelligenten Menschen ging bei Rosa der Wunsch, etwas zu tun und Einfluß auf das Zeitgeschehen zu nehmen, nicht auf Kosten der

Sensibilität. Sie bewahrte sich ihre Gefühle und Sehnsüchte, ihre Naturverbundenheit und ihren Sinn für das Schöne, mit einem Wort, ihre Menschlichkeit.
Vielleicht hat sie, gerade weil sie Jüdin war, im Exil lebte und unter einer Gehbehinderung litt, also in mehrfacher Hinsicht der Verachtung preisgegeben war, deutlicher und intensiver als viele andere das Schicksal des Menschen in seinen Widersprüchen empfunden und es verstanden, ihre Schwächen und das grandiose Unglück des Menschseins zu erkennen.
Sie war eine Frau, die ihrem Liebhaber schreiben konnte: »Mein Herz, mein Einziger, mein Geliebter, ärgere Dich nicht, rege Dich nicht auf, verliere nicht das Vertrauen in Dich und mich. Du wirst sehen, wenn wir wieder zusammen sind, wird es mit der Arbeit und dem Leben vorangehen.« Und später schrieb sie an eine Freundin: »Und ich bleibe dabei, daß der Charakter einer Frau sich zeigt, nicht, wo die Liebe beginnt, sondern wo sie endet.«
Rosa Luxemburg, deren Energie unerschöpflich schien, deren Neugier nie erlahmte und deren Begeisterung immer von neuem entflammte, war aber auch eine Frau, die gern spazierenging, die liebte, ihre Katze Mimi streichelte und gestand: »Die einzige Art für mich, zur Ruhe zu kommen, ist umherzuschlendern oder mich in der Sonne ins Gras zu legen, die winzigsten Insekten zu beobachten oder die Wolken zu betrachten.« Sie konnte auch sagen: »Das Leben ist nicht da, wo ich bin«, als entgehe ihr stets das Wesentliche. Und als habe sie erfaßt, daß gerade darin die Größe und der Fluch ihres Lebens bestanden.
Aber gerade diese Enttäuschung und dieser Mut, mehr zu wollen, mehr zu ersehnen, sich zu engagieren und doch

unruhig zu bleiben und sich solche Fragen zu stellen, machen sie, trotz des kläglichen Scheiterns derer, die sie später für sich mit Beschlag belegten und dabei verstümmelten, zu unserer Zeitgenossin.

Denn sie verkörpert weniger Lösungen und Antworten oder Gewißheiten als vielmehr ein menschliches Streben, eine tiefe Sehnsucht nach Leben, die Beharrlichkeit eines Gedankens und eines Schicksals. Durchaus nicht frei von Angst erforscht sie alle Wege des Lebens und sucht unermüdlich nach einer Lösung. Sie verabscheut Trägheit und Gehorsam, Niedertracht, Ungleichheit und Ungerechtigkeit. Sie ist wie ein Vogel, der sich nicht die Flügel stutzen läßt, weder durch eine Parteidoktrin noch durch ein System, noch durch ihre Mitstreiter. Ein Vogel, der sich weder in die Zuchthäuser des Staates noch in das Gefängnis sektiererischer Lehren sperren läßt, ein Vogel, der stets der Freiheit des Gedankens den Vorzug gibt, der die Offenheit der Beschränktheit vorzieht, die Weite der Enge, den Edelmut, den Stolz und die Schönheit – Eigenschaften, die Rosa nach eigenem Bekunden bei einer Frau suchte – der Engstirnigkeit und Unterwürfigkeit, der Verbitterung und Verdrossenheit.

Gitta Mohrdieck

Amelia Earhart

»Wenn ich einmal von dieser Erde Abschied nehmen muß, dann in meiner Maschine – und schnell!« soll sie einmal geäußert haben, die als erste weibliche Pilotin eine Flughöhe von 4200 Metern erreichte. Auf tragische Weise wurde dieser Wunsch Realität. 50 Jahre nach ihrem Tod 1937 erschien die Lebensbeschreibung über die abenteuerlustige AE, wie sie sich selbst gerne nannte, von Gitta Mohrdieck.

AN EINEM FRÜHLINGSTAG im Mai 1932 landete auf einer Wiese in der Nähe der nordirischen Stadt Londonderry ein Flugzeug.

Für den herbeigeeilten Farmer Gallagher muß es ein seltsamer Anblick gewesen sein: Mitten zwischen seinen Kühen steht eine einmotorige, robuste Maschine in leuchtendem Rot. Der Pilot klettert aus dem Cockpit, nimmt die Lederkappe ab und schüttelt die aschblonden, kurzen Haare. »Er« ist eine Frau. »Ich komme aus Amerika«, sagt sie freundlich.

Die Pilotin heißt Amelia Earhart, ist 34 Jahre alt und in ihrem Heimatland USA längst eine Berühmtheit. »Lady Lindbergh« wird sie genannt, und das nicht nur wegen ihrer physischen Ähnlichkeit mit Charles Lindbergh. Sie gleicht ihm auch in anderer Hinsicht: Amelia Earhart ist Pilotin aus Leidenschaft, »ein Vagabund der Luft« (Earhart über Earhart).

Ehrgeiz, Abenteuerlust und Mut – Voraussetzungen für die frühe Fliegerei, deren Sicherheitsstandards weit entfernt waren von den heutigen – brachte Amelia mit. 1898 in Atchinson/Kansas geboren, wuchs sie zusammen mit ihrer jüngeren Schwester teils bei den Eltern, teils bei den Großeltern recht unkonventionell auf. Spielzeug der Mädchen war nicht der Puppenwagen, sondern ein Gewehr, das ihnen der Vater, Jurist bei einer Eisenbahngesellschaft, geschenkt hatte. Mit diesem Gewehr gingen sie auf Rattenjagd.

Eine Tante der Mädchen, Suffragette in Kansas City, befreite die beiden von den üblichen Kleidchen. Sie konnten »Bloomers« tragen, von der Feministin Amelia Bloomer und ihren Mitkämpferinnen propagierte bequeme Pumphosen, die die Frauenmode jener Zeit revolutionierten.

Amelias Lieblingslektüre waren Jungenbücher. In einem Artikel schrieb sie später: »Von Mädchen wird nicht erwartet, sich an den Abenteuern der Kindheit zu erfreuen. Da gibt es keine Heldinnen, die den leuchtenden Pfaden romantischer Abenteuer folgen, wie es die Helden in den Jungenbüchern tun. Wann hat man je von einem netten Mädchen gehört, das, sagen wir mal, auf einem Öltanker fuhr, auf dem die Mannschaft meuterte und das mit einem wohlgezielten Pistolenschuß auf den Anführer die Meuterei niederschlug und dem Kapitän das Leben rettete?«

Nicht die Seefahrt, sondern die Luftfahrt sollte Amelia Earharts großes Abenteuer werden. 1918 kam sie zum er-

Amelia Earhart

sten Mal mit der Fliegerei in Berührung. Sie war 20, lebte bei ihrer Schwester in Toronto und pflegte als Schwesternhelferin kriegsverletzte Soldaten (eine Erfahrung, die sie lebenslang zur Pazifistin machte). In ihrer Freizeit ritt sie viel. Eine ihrer Reitbekanntschaften, ein Offizier der Luftwaffe, lud sie eines Tages als Zuschauerin auf das Flugfeld ein. Amelias Begeisterung war groß, und sie verbrachte von nun an jede freie Minute dort.

Vier Jahre später hatte sie nicht nur ihren Pilotenschein in der Tasche, sondern war auch stolze Besitzerin eines eigenen Flugzeugs. Es war ein Gebrauchtmodell, eine einmotorige »Kinner Canary«. Mit dieser Maschine stellte sie noch im gleichen Jahr einen neuen Höhenrekord für Frauen auf: 14000 Fuß (etwa 4300 Meter).

Um diesen Rekord gegen Konkurrentinnen zu halten, bringt Amelia Earhart sich in gefährliche Situationen. Bei einem riskanten Flugmanöver verliert sie die Kontrolle über die Maschine, trudelt abwärts. Nur mit Mühe kann sie das Flugzeug wieder abfangen, bevor es am Boden zerschellt. Ein Flugkamerad schnauzt sie an wegen ihrer Unvorsichtigkeit: Fast habe man sie in Stücken aus der Maschine holen müssen. »Ich nehme an, das hättet ihr getan«, entgegnet die junge Frau kühl. Sie wird den Helden ihrer Jugendbücher immer ähnlicher.

Früh entschlossen, kein übliches Frauenleben zu führen, hatte sie sich in der Schule besonders für die Naturwissenschaften interessiert: Als sie eine neue High-School besuchen sollte, inspizierte sie zunächst das Chemie-Labor. »Es glich einem Küchenspülstein«, stellte sie fest und wählte eine andere Schule.

Nach dem Zwischenspiel als Schwesternhelferin begann sie

ein Medizinstudium, brach es aber wieder ab, weil sie sich nicht vorstellen konnte, »eines Tages am Bett eines Patienten zu sitzen und über schmerzstillende Pillen plaudern zu müssen«. Das Geld für ihre Flugstunden verdiente Amelia mit verschiedenen Jobs, zunächst bei einer Telefongesellschaft, später als Fotografin. Bevor sie die Fliegerei endgültig zur Hauptsache in ihrem Leben machte, arbeitete sie als Lehrerin und Sozialarbeiterin; doch »den Ton der Flügel« konnte sie dabei nicht vergessen.

1927 gelang Charles Lindbergh der erste Soloflug über den Atlantik. Dieses sensationelle Ereignis brachte eine Mrs. Guest – Amerikanerin, Ehefrau eines reichen Engländers – auf die Idee, dem müsse der Flug einer Frau folgen. Am liebsten wäre Mrs. Guest selbst in die Rolle des weiblichen Lindbergh geschlüpft, aber ihre Familie redete ihr das aus. Überzeugt von ihrer Idee beschloß sie jedoch, ein anderes »amerikanisches Mädchen mit der richtigen Auffassung« solle an ihrer Stelle mit dem von ihr gekauften Flugzeug (einer dreimotorigen Fokker mit dem Namen »Friendship«) den Atlantik überqueren. Als Amelia Earhart gefragt wird: »Wollen Sie ein Flugzeug über den Atlantik fliegen?«, ist ihre spontane Antwort: »Ja!«.

Im Laufe des Bewerbungsverfahrens stellt sich allerdings heraus, daß sie lediglich als Passagierin mitfliegen soll. Pilot ist ein Mann, der Bordmechaniker ebenso. Beide Männer werden bezahlt, Amelia winkt nur die Ehre. Trotzdem ergreift sie diese einmalige Chance.

Nach 20 Stunden und 40 Minuten Flug landet das Team in Wales. Amelia hat während des Fluges fotografiert und das Logbuch geführt. Nach der Ankunft in England ist sie der gefeierte Star des Abenteuers, sehr zu ihrem Unwillen. »Ich war nur Gepäck, wie ein Sack Kartoffeln«, gibt sie bekannt, »Bill ist geflogen«. Sie hält sich für eine »falsche Heldin«. Für sie ist es eine Frage der Selbstachtung, den Atlantik das nächste Mal als Pilotin zu überqueren.

Der »Friendship«-Flug hatte ihr jedoch die ersehnte finanzielle Unabhängigkeit gebracht. Sie bekam nun laufend Angebote aus der Werbung. Außerdem schrieb sie regelmäßig Artikel für *Cosmopolitan* und andere Frauenzeitschriften; einige Jahre hatte sie sogar den Posten einer »Luftfahrtredakteurin« inne.

1929 WAR »AE«, wie sie sich gerne nennen ließ, selbstverständlich beim ersten »Frauen-Luft-Derby« im kalifornischen Santa Monica dabei, an dem sich 20 der besten Pilotinnen beteiligten. Im Hinterkopf den Plan, den Atlantik zu überfliegen, kaufte sie sich dafür schon eine kraftvollere Maschine, eine Lockheed Vega.

Die Männerpresse, die schon den »Friendship«-Flug mit ätzenden Kommentaren begleitet hatte, lief jetzt zur Hochform auf. »Puderquastenderby« tauften sie den Frauen-Wettbewerb, die Fliegerinnen nannten sie »Ladybirds«, »Schätzchen der Luft«, «Petticoat-Piloten« und »fliegende Pfannkuchen«. Die Herren der Presse, die das Dogma von der männlichen Überlegenheit wanken sahen, ergingen sich in Vorstellungen, wie die Fliegerinnen einander die Haare ausreißen und sich mit Haarnadeln stechen würden. Das Gegenteil war der Fall. Die fliegenden Frauen unterstützten sich gegenseitig während des Wettbewerbs, trotz des Kampfes um den Sieg (den schließlich Louise Thaden vor Gladys O'Donnell und Amelia Earhart errang). Nach dieser ermutigenden Erfahrung griffen AE und ihre Freundin Ruth Nichols ihren alten Plan wieder auf, eine Organisation der Fliegerinnen zu gründen. Von den genau 100 Frauen, die zu der Zeit in den USA einen Pilotenschein besaßen, gehörten 99 zu den Gründungsmitgliedern. Der »Club der 99« war geboren.

Drei Jahre später verwirklichte Amelia Earhart ihr Vorhaben, den Atlantik im Alleinflug zu überqueren. Zuvor allerdings tat sie etwas, was niemand erwartet hätte: Sie heiratete. Sie, die die Ehe immer als »Käfig« empfunden hatte; die schon als junges Mädchen eher amüsiert als traurig darüber gewesen war, »daß Jungen sich nicht besonders für mich interessierten«, gab ihrem langjährigen Förderer und Manager, dem Verleger George Putnam das Jawort. Allerdings nur unter der Bedingung, daß er sie nach einem Jahr wieder gehen ließe, falls sie nicht glücklich miteinander würden.

Noch kurz vor der Hochzeit schrieb die Braut ihrem Zukünftigen einen Brief, in dem sie ihm mitteilte, wie töricht sie die Heirat nach wie vor fände. Sie denke nicht daran, »sich mit einem mittelalterlichen Treuekodex« an ihn zu binden. Finanzielle Unabhängigkeit war für sie auch weiterhin selbstverständlich; alle Ausgaben für das gemeinsame Leben wurden geteilt.

Mutter zu werden, hatte Amelia Earhart allerdings nie geplant. »Es dauert zu lange, ein Baby zu machen«, sagte sie. Und: »Es gibt so viele aufregende Dinge, die im Flugzeug getan werden können.«

Am 19. Mai 1932 ist es endlich soweit: Amelia startet von Neufundland aus zu ihrem einsamen Flug über den Atlantik. Ihr Ziel ist Paris. Ein behagliches Unternehmen wird es nicht. Wenige Stunden nach dem Start fällt der Höhenmes-

ser aus. Kurz darauf gerät die Lockheed Vega in eine Gewitterfront, die Tragflächen vereisen, und die Maschine verliert rapide an Höhe. Bei Nacht züngeln plötzlich Flammen aus einer gerissenen Schweißnaht des Auspuffkrümmers. Und am Morgen beginnt auch noch die Leitung des Reservetanks zu lecken; Benzin tropft ins Cockpit.
Die Pilotin ist froh, als sie endlich Boden unter den Rädern hat. Auch wenn es nicht der Flughafen von Paris, sondern die Wiese des Farmers Gallagher in Nordirland ist: Amelia Earhart hat ihr Ziel erreicht, sie hat als erste Frau allein den Atlantik überquert. Und sie hat – mit 15 Stunden und 18 Minuten Flugzeit – einen neuen Geschwindigkeitsrekord aufgestellt.
Nach diesem Triumph feierten die Amerikaner – und Amerikanerinnen! – Amelia Earhart wie eine Heldin. Eine Konfettiparade wurde ihr zu Ehren inszeniert, ihr Bild erschien in allen Zeitungen. Frauen und Männer schwärmten gleichermaßen für die tollkühne Fliegerin mit dem blonden Bubikopf. Stars aus Politik und Showgeschäft ließen keine Gelegenheit aus, sich mit ihr zusammen fotografieren zu lassen. Präsident Roosevelt war es eine Ehre. Marlene Dietrich ging so weit, ihren blonden Zopf zu zeigen.
Von all dem Trubel wenig beeindruckt, verfolgte AE ihre Karriere als Fliegerin systematisch weiter. Bei inneramerikanischen Flügen von Küste zu Küste brach sie mehrere Streckenrekorde. Dann reizte sie der Pazifik. 1935 gelang ihr mit einer verbesserten Lockheed-Maschine der Alleinflug von Hawaii nach Kalifornien; fast 4000 Kilometer Überwasserstrecke waren zurückzulegen. Das hatte vor ihr noch niemand geschafft.
Amelia Earhart: »Von Zeit zu Zeit sollen Frauen all das tun,

was Männer bereits getan haben – und gelegentlich etwas, das Männer noch nicht getan haben, um sich als Persönlichkeiten zu bestätigen und vielleicht andere Frauen zu größerer Unabhängigkeit in Gedanken und Taten zu ermutigen.« Diese Botschaft kam bei den Frauen an. Louise Thaden, selbst ehrgeizige Rekordfliegerin, berichtete, daß Amelias »persönliche Ambitionen zweitrangig waren hinter dem unstillbaren Verlangen, Frauen in die Luft zu bringen und ihnen dann die Anerkennung zu verschaffen, die sie ihrer Überzeugung nach verdienen.«

Die Krönung ihrer Karriere sollte ein Weltumrundungsflug werden. Tatsächlich aber wurde es Amelia Earharts allerletzter Flug. Zusammen mit ihrem Mann und dem Navigator Fred Noonan plante sie die Route genau. Sie sollte in Äquatornähe über Südamerika, Afrika, Südasien, Australien, Neuguinea und Hawaii zurück nach Kalifornien führen. An allen Zwischenstationen standen für die berühmte Pilotin Ersatzteile und Benzintanks bereit, gekennzeichnet mit ihren Initialen »AE«.

30 TAGE sind Amelia Earhart und Fred Noonan unterwegs, und alles ist glattgegangen. Dann liegt das schwierigste Stück vor ihnen; zwischen Lae in Neuguinea und Howard Island, einer winzigen Insel mitten im Pazifik, sind 4 113 Kilometer Wasserfläche zu überfliegen.

Pilotin und Navigator verfehlen die Insel. Der Funkkontakt zu den Betreuern auf Howards Island reißt irgendwann ab. Die letzte Meldung, die aufgefangen wird, besagt, daß Amelia Earhart kaum noch Benzin hat und ihren Standort nicht mehr bestimmen kann. Weder sie noch der Navigator wurden je gefunden. Um ihren Tod rankten sich noch jahrelang

Legenden, die glauben machen wollten, sie sei noch am Leben, auf dieser oder jener Insel oder in Gefangenschaft der Japaner.
Fünf Monate nach ihrem Verschwinden hielten Amelias Flugkameradinnen eine Gedenkfeier zu ihren Ehren. Die Gedenkrede sprach Jackie Cochran, vierzehn Jahre jünger als ihr großes Vorbild und auf dem besten Wege, selbst eine »Heroin der Luft« zu werden »Wenn Amelias letzter Flug in die Ewigkeit geführt hat,« sagte sie, »kann man ihren Verlust betrauern, aber ihren Versuch nicht bedauern.« Andere Fliegerinnen, Jackie Cochran voran, waren fest entschlossen, fortzusetzen, wofür Amelia Earhart sich mit »unstillbarem Verlangen« eingesetzt hatte: Frauen in die Luft zu bringen.

Stefan Bollmann

Marlene Dietrich

Marlene Dietrich – der Name steht für glamourös-unnahbares Aussehen und ein erotisch-androgynes Image. In einem Interview nannte sie die Kunst des »glamour« ihre Waffe: »Es ist das Bewußtsein, in jeder Weise, körperlich, geistig und erscheinungsmäßig auf der Höhe zu sein und sich jeder Situation gewachsen zu fühlen. Die Umwelt erkennt schnell an unserem Auftreten unsere Sicherheit und Selbstbeherrschung und wir erscheinen ihr – glamorous – glanzvoll!« Ganz in diesem Licht erscheint auch die Hommage von Stefan Bollmann an den Marlene-Touch, der ganz auf Liebe eingestellt war.

ZULETZT war es nur noch ihre Stimme, an die man sich halten konnte. Doch kann man sich an Stimmen überhaupt halten? – zumal wenn die, welcher der Anruf gilt, mit verstellter antwortet: »Nein, Madame ist nicht zu Hause!« Daß diese Abweisung berühmteren Personen als einem selbst widerfahren ist – so berichtet etwa auch Billy Wilder davon –, mag die narzißtische Kränkung, die sie auslöst, lindern. Die eigentliche Frage, die sie aufrührt, wird dadurch nur noch unabweisbarer: Wer ist es, der da – mit wievielen Stimmen – spricht?

Maximilian Schell, der an sechs Herbsttagen des Jahres 1982 das berühmte Interview mit der Dietrich geführt hat, aus dem dann der noch berühmtere Dokumentarfilm mit dem Titel *Marlene* hervorgegangen ist, gab vor, sich dieser Frage zu nähern. Marlene Dietrich hatte nicht nur strengstens untersagt, die alte Frau, die sie geworden war, zu filmen, auch ihre Wohnung und die Dinge darin – sie hätte gesagt »Kram«, englisch »stuff« – waren mit dem Bilderverbot belegt, dem sie seit ihrem Rückzug nach Paris ihre gesamte Existenz unterstellt hatte. »Ja, was ist echt hier?« hören wir Schells Stimme aus dem Off während der Eingangssequenz des Films, und er beantwortet die Frage auch gleich selbst: »Das Tonband, das ist die Realität, an die wir uns halten können: das Gespräch in ihrer Wohnung.« – Doch was tut Schell? Er läßt aus dem Gedächtnis im Studio das Zimmer, das der Schauplatz dieses Gesprächs war, nachbauen, um in ihm dann Schattenbilder herumgeistern zu lassen. Auch er hält sich nicht an die Stimme, auch er will visualisierbare Aussagen, Fakten, Histörchen, um vor der Frage nach der Wirklichkeit, mit der er den ganzen entzweigeschnittenen und wieder zusammengeklebten Zelluloid konfrontiert, schließlich resignierend zurückzuweichen.

Auch Schell reiht sich ein in die Riege narzißtisch Gekränkter. Beharrlich hatte sich die Dietrich seinem bohrenden Nachfragen verweigert, das ihr zumutete, hinter all der Inszenierungskunst und Legendenbildung ein letztes Mal die begehrten Stücke echter Realität, wenn schon nicht durchblicken, so doch verlauten zu lassen. Je mehr sie sich, zumindest scheinbar, auf das Abfragespiel, wie es denn nun wirklich war – mit Hemingway, mit Burt Bacharach, mit der

Marlene Dietrich
Foto: Irving Penn, 1948

Kindheit, mit der Heirat etc. – einläßt, desto vorgestanzter aber wird die Rede der Dietrich im Gespräch. Kurz, inhaltlich erfährt man kaum etwas, jedenfalls nichts über den »wirklichen Menschen« Marlene Dietrich, dem der ganze Aufwand galt, höchstens noch einige, dann allerdings bemerkenswerte Sprüche, die ins Repertoire der Lebens- und Weltweisheit gehören. Und doch bleibt die Stimme der Dietrich das eigentliche Ereignis des Films, als sollte ihr Bilderverbot gegenüber allen Versuchen, es zu hintergehen, sogar künstlerisch Recht behalten. Hört man einmal auf diese Stimme, und nicht so sehr darauf, *was* sie sagt, um dann enttäuscht zu sein, sondern *wie sie nichts sagt*, macht man eine ganz eigentümliche Entdeckung: Hier spricht gar nicht Marlene Dietrich, jedenfalls nicht der Star, der noch einmal souverän Auskunft erteilt, wie es dazu kam, daß er wurde, was er ist. »Ich gehe mich einen Dreck an«, sagt die Stimme, und wir spüren, daß sie es so meint und daß bei dem »mich« von jener »Marlene-Dietrich-im-Film-und-in-den-Liedern« die Rede ist, die Schell noch hinter all den Ausflüchten, dem Daherreden, dem Auf und Ab der ein wenig versoffen klingenden, doch stets noch so verletzlichen wie herausfordernden Stimme antreffen wollte – man müßte nur den Trick herausbekommen, Marlene vor Marlene selbst zu schützen, vor ihrem Willen, das eigene Leben auf die allbekannte Legende einzuschränken. Schells Idee muß es gewesen sein, die Dietrich besser zu verstehen, als sie sich selbst verstand, und im Scheitern seines Versuches, sie aus der Reserve zu locken, im letztlichen teils grandiosen, teils lächerlichen Scheitern des ganzen Gesprächs wird er diese Meinung, wie man seinem Film entnehmen kann, nur noch einmal bestätigt gefunden haben. Schells hermeneutische Anstrengung nimmt Zuflucht zu einem Dante-Zitat: »Nichts bedeutet mehr Schmerz / Als sich im Unglück / An Zeiten des Glücks zu erinnern.« Die Botschaft ist klar: Marlene im Glück, die ihr ganzes Leben darauf versessen war, jene Legende von sich zu schaffen, die ihren Vorstellungen entsprach, ist nun – in der Einsamkeit des Alters – zu Marlene im Unglück geworden, das vielleicht zu vermeiden gewesen wäre, wenn sie nicht ihr ganzes Leben eine Maske getragen hätte. »Wissen Sie, was ich hasse, ist dieser ganze psychologische Scheißkram«, hätte Marlene dazu gesagt.

Auf ihn zu verzichten, setzt voraus, von der liebgewordenen Vorstellung Abschied zu nehmen, die alle ihre Biographien irgendwie steuert: Danach gibt es da einerseits jene »Marlene Dietrich« genannte Legende, deren Erzählung einem bestimmten Stardiskurs folgt, und andererseits den wirklichen Menschen Maria Magdalene Dietrich, dem psychologisch beizukommen ist. Die Anstrengung besteht nur darin, den einen Faktor auf den anderen abzubilden, den Star schlüssig aus dem Menschen zu erklären (selten den Menschen aus der Legende) und so die Legende zu vermenschlichen. »Denn siehe, auch sie war nur ein Mensch.« Das ist zwar so wahr wie banal, erklärt aber kaum etwas. Im Gegenteil, Marlene Dietrich war wohl nie so sehr Marlene Dietrich als da, wo sie Star war: im Film, auf der Bühne. Das ist es, was die alte Dietrich Schell beibringen wollte: Wenn du dich für Marlene Dietrich interessierst, mußt du dir meine Filme anschauen und meine Lieder anhören, denn nirgendwo bin ich so sehr selbst wie in meinen besten Filmszenen und meinen besten Bühnenauftritten. Und da ich Geld brauche, bin ich auch gerne bereit, das ein oder andere dazu zu sagen, aber eigentlich ist das Quatsch, denn ich verdoppele nur das, was man sehen und hören kann und muß, und außerdem ist bereits alles Sagenswerte gesagt. Es gibt (1982) 55 Bücher über mich, eins davon habe ich selbst geschrieben, es gibt nichts mehr über Marlene Dietrich zu sagen, aus und vorbei, die Legende ist abgeschlossen, was willst du also von mir? Mich interessiert die Person, sagt Schell, denn das interessiert auch das große Publikum, das Sie als Person kennenlernen möchte. Und die Dietrich könnte antworten: Auch alles, was an meiner Person von Interesse sein könnte, habe ich im Film und auf der Bühne gesagt. Schauen Sie sich zum Beispiel die berühmte Szene in *Morocco* an, in der ich in Frack und Zylinder auftrete, und Sie werden mehr über mich erfahren, als wenn ich Ihnen jetzt erzähle, mit wem ich mich wann getroffen habe oder was ich heute zum Frühstück gegessen habe. Aber das sagt sie nicht. Denn das alles interessiert sie keinen Deut mehr. Sagt sie. Sollen wir ihr glauben?

Lesen wir die Biographie, die ihre Tochter Maria Riva nach deren Tod über »meine Mutter Marlene« veröffentlicht hat, wird uns der Glaube genommen. »Die Wahrheit mußte hinter den Wänden ihrer Wohnung, unter den Decken ihres Bettes versteckt werden«, schreibt Maria Riva. Für die Unterhaltungen mit Schell hätte sie zum ersten Mal seit über drei Jahren ihr Schlafzimmer verlassen. In dem besagten Wohnzimmer habe man sie in einen Sessel gesetzt, »auf dem sie unter dem Vorwand, sie habe sich einen Zeh gebrochen, die ganze Zeit über sitzen blieb«. »You know, I've broken all the toes already; they are all broken, so I break it again … shit … there isn't a toe in my body that hasn't been broken, none«, so die Dietrich zu Beginn ihres Gesprächs mit Maximilian Schell.

»Mit deutscher Gründlichkeit trug sie alles zusammen, was ihr lebenswichtig erschien«, berichtet die Riva, »und schuf sich eine eigene Welt, in der ihr Bett als Zentrale fungierte. Ein kleiner Teil davon genügte ihr in ihrem benebelten, reglosen Stupor zum Schlafen. Auf der linken Seite war ihr ›Büro‹ – Briefumschläge in allen Größen und Formen, Briefpapier, Notizblöcke … ein Telefon, Dutzende von Lesebrillen, Lupen, Ordner, Kleenex-Schachteln … Griffbereit lagen auch stets die ›Zangenarme‹ an einem langen Griff, die sie wie ein Einräumer im Supermarkt dazu benutzte, Dinge jenseits der Reichweite ihrer Hände zu ergreifen. Rechts von ihr lehnte ein Schranktischchen an der Wand, überladen mit Tablettenröhrchen, Schachteln, Medizinflaschen, Gläsern, Tuben, Behältern mit Zäpfchen – ihre Privatapotheke. Davor stand, die gesamte Länge des Betts einnehmend, ein flacher Tisch, darauf das zweite Telefon … Darunter versteckt war ihr Schnapsvorrat, von bezahlten Sklaven in unschuldig aussehende, große Mineralwasserflaschen umgefüllt. Daneben zwei kleine, verschließbare Mülleimer, in die sie ihren Urin schüttete, wenn sie sich in einer halb sitzenden, halb liegenden Position in einen gegen den Unterleib gepreßten Krug aus feinstem Limoges-Porzellan erleichtert hatte … Auf der neben ihrem Bett stehenden Lampe meines Vaters kochte sie kleine Mahlzeiten. Als die Lampe zerbrach, ließ sie sich eine altmodische elektrische Kochplatte bringen, die sie zusammen mit weiteren elektrischen Apparaturen in die neben dem Urineimer auf dem fleckigen Teppich liegende Mehrfachsteckdose einsteckte.«

Maria Riva zeigt uns Marlene in einer Pariser »Matratzengruft«, und ihre mit Bitterkeit gefärbte Beschreibung findet ihren traurigen Höhepunkt in einem wahrhaft skandalösen Vergleich: »Muskelschwund setzte ihren berühmten Beinen zu, und an ihren nicht gebrauchten Füßen entwickelte sich eine als ›Fallfuß‹ bekannte Deformierung. Sie sah immer mehr aus wie ein KZ-Häftling.« Vielleicht hätte Maximilian Schell, statt Marlene ein Glas mit Marmelade aus selbstgepflückten und selbsteingekochten Früchten mitzubringen und sich auf die Unterhaltung mit Proust-Lektüre einzustimmen – »Er liest Proust, um ein Interview mit einem Filmstar zu machen? Was für ein Blödsinn!« (Marlene Dietrich) –, vielleicht hätte er, statt sich derlei Betulichkeiten und Sentimentalitäten hinzugeben, die Marlenes Lebenseinstellung entgegengesetzter nicht hätten sein können, auf Sätze besinnen sollen, die ein Vorgänger Marlenes im Pariser Krankenexil seinem *Romanzero* mitgegeben hatte: »Mein Leib ist so sehr in die Krümpe gegangen«, schreibt Heinrich Heine im Nachwort, »daß schier nichts übrig geblieben als die Stimme, und … kein grünes Blatt rauscht hinein in meine Matratzengruft zu Paris, wo ich früh und spät nur Wagengerassel, Gehämmer, Gekeife und Klaviergeklimper vernehme. Ein Grab ohne Ruhe, der Tod ohne die Privilegien der Verstorbenen, die kein Geld auszugeben und keine Briefe oder gar Bücher zu schreiben brauchen – das ist ein trauriger Zustand. Man hat mir längst das Maß genommen zum Sarg, auch zum Nekrolog, aber ich sterbe so langsam, daß solches nachgerade langweilig wird für mich, wie für meine Freunde. Doch Geduld, alles hat sein Ende. Ihr werdet eines Morgens die Bude geschlossen finden, wo euch die Puppenspiele meines Humors so oft ergötzten.«

MARIA RIVAS bitterböses Fazit von fast 900 Seiten Mutterleben lautet, daß die Frau, deren Weltruhm mit dem Lied »Ich bin von Kopf bis Fuß auf Liebe eingestellt« begann, selbst ohne Liebe war. Selten ist ja die Zweideutigkeit dieser Liedzeile beachtet worden, die in nuce doch die ganze Ambivalenz enthält, um die sich die Wertungen der Liebesgöttin Marlene Dietrich ranken. Denn sie besagt ja nicht bloß, daß hier jemand existentiell jederzeit auf das Eintreten oder Herbeiführen der Liebe vorbereitet ist und sich durch entsprechendes Verhalten und damit verbundene Maßnahmen darauf ausrichtet; genausogut kann man in Gedanken ein »worden« ergänzen und die Sängerin dieser Zeile als das Objekt einer Maßnahme verstehen, die an ihr vollstreckt wurde: Man hat mich auf Liebe gestellt, und das, was ihr für mein Ich haltet, ist nur der Effekt dieser Regulierung. Zudem hat die zweite Lesart noch eine Pointe; denn Einstellung ist schließlich einer der Grundbegriffe der Filmtechnik (eine fortlaufend gefilmte Szene), und mit genügend kritischer Absicht könnte man die Zeile dann so verstehen, daß Marlene hier das Geheimnis selbst ausplaudert oder besser heraussingt: die Einstellungen von Sternbergs Kamera, von der gesagt worden ist, daß sie den Wind des Lebens durch jede Szene ziehen ließ, haben aus mir das gemacht, was ich für euch bin; ich selbst aber bin nichts.

Die These, daß Marlene Dietrich nichts mehr als eine kinematographische Erfindung Sternbergs ist, wird durchaus in der Filmliteratur diskutiert, sie ist jedoch nicht die Meinung von Sternberg selbst gewesen, dessen berühmter Ausspruch gegenüber Peter Bogdanovich – »Miss Dietrich is me – I am Miss Dietrich« immer zu sehr im Lichte jener Widmung gesehen wurde, die besagte Miss für Sternberg auf einem ihrer Starphotos anbrachte: »Meinem Schöpfer von seinem Geschöpf, Mai 1931 Marlene«, steht da zu lesen. Sternberg selbst hat diesen Akt der Selbsterniedrigung und demütigen Unterwerfung in seinen Erinnerungen hingegen als Verteidigungsmanöver gewertet, in dem sicher eine Portion Bescheidenheit mitschwang, der aber im Grunde eine geschickte Strategie der Selbstbehauptung gegenüber der Macht seiner Kamera war, ohne in den Verruf der Undankbarkeit zu geraten. Die interessanteste Auslegungsmöglichkeit von Sternbergs Identifikation mit »Miss Dietrich« scheint mir zu sein, daß sie Flauberts berühmten Ausspruch über eine seiner Romanfiguren – »Madame Bovary c'est moi« – eben auf sich und Marlene nicht nur bezieht, sondern in der Erweiterung auch umkehrt: »Miss Dietrich ist (zwar) ich – (aber) ich bin (auch) Miss Dietrich«. Hinter dem großen Gestus des kinematographischen Unterwerfers spielt sich etwas ganz anderes ab: das Verlangen nach einer *unio mystica* mit seinem Star mit Hilfe der Kamera und ihren Einstellungen. Sternberg hatte zwei Geliebte: die Kamera und Marlene. Mit der Kamera machte er Liebe und liebte dabei Marlene Dietrich, mit der er sieben Filme lang das Mysterium einer hermaphroditischen Verschmelzung feierte.

Das berühmte »Dietrich-Gesicht« allerdings hat nicht Sternberg gefunden und erfunden – auch wenn er in seiner Biographie behauptet, sie ins Licht getaucht zu haben, »bis die Alchemie gelungen war« –, sondern Marlene selbst. In ihren Unterhaltungen mit Maximilian Schell hat sie das Geheimnis in ihrer unüberbietbar schnoddrigen Art preisgegeben:

Nu, das berühmte Licht, das Sternberg kreiert hat, ist ja auch ein Quatsch! Das gab's immer. Nu … Hat er doch nicht kreiert! lssss, lächerlich. Ein Licht von oben … mh! Hat er kreiert? Gab's immer. Wissen Sie, wenn sie gehen … es gibt Apparate, die heißen Photomaton, und ich weiß nicht, ob es das heute noch gibt. Da geht man rein in so eine kleine Dings da, das steht da, und drückt auf einen Knopf. Da kommt ein Licht an, dann drückt man noch mal auf den Knopf, und dann macht das Ihr Bild. Das ist das gleiche Licht.

Wir wollen Marlene diese Geschichte gerne glauben, denn sie ist eine der wenigen Dinge, an die sie sich im Gespräch mit Schell wirklich erinnern wollte. In einem der vielen Photoautomaten, die es schon damals in Berlin gab, muß sie also entdeckt haben, daß ihr Gesicht, mit dessen Wirkung sie insbesondere im Film bislang alles andere als zufrieden war, durch das Licht einer einzigen Lampe direkt von oben jenes Aussehen gewann, das ihr später zu dem unvergleichlichen Dietrich-Touch verhelfen sollte: Die Haare wirkten blond, die Wangenknochen traten hervor und ihre Stubsnase, die Marlene schon immer gestört hatte, schien auf einmal gerade. Später wurde dieses Grundgesicht dann noch weiter durch die allmähliche »Skulptierung« ihrer Gesichtszüge herausmodelliert: Die Wimpern wurden verlängert, auf dem unteren Lid wurde ein weißer Strich aufgetragen, um die Augen größer, wie starr wirken zu lassen, vor allem aber wurden die Augenbrauen Schritt für Schritt verändert: zunächst begradigt, dann ausgezupft und in einem Winkel nach oben verlegt, schließlich auf dünne Striche reduziert oder zum Halbkreis geschwungen, was Marlene den immer erstaunten Gesichtsausdruck verlieh. A und O aber blieb die Beleuchtung des Gesichts: Ein Hauptscheinwerfer wurde immer gut zwei Meter über ihr und etwas nach rechts versetzt installiert, jedenfalls soweit sie sich nach und vor der Zusammenarbeit mit Sternberg gegenüber Regisseur und Kameraleuten durchzusetzen wußte, und Sternberg selbst griff diese Technik auf und brachte sie zur Perfektion. Das Licht von oben betonte die Backenknochen; unterstützt von der Abmagerungskur, die Sternberg ihr sofort nach der Ankunft in Hollywood verordnete, wirkten die Wangen so hohler, die Augen mit den schweren Lidern bekamen Schatten; und nicht zuletzt entstand der Eindruck eines Heiligenscheins, der um ihr an sich rotblondes Haar spielte. Begriffen und eingesetzt hat sie diese Technik aber bereits in *Die Frau, nach der man sich sehnt.* »Immer stand sie mit dem Gesicht im Spotlight. Sie blieb stocksteif stehen und sprach nur indirekt mit ihrem Partner, wenn das Licht es so verlangte«, klagte Regisseur Bernhardt.

IN IHREN UNTERHALTUNGEN mit Schell zeigt sich die Dietrich, aus welchen Motivationen auch immer heraus, sehr darum bemüht, die Identität ihres Lebens mit der Einstellung auf Liebe von Kopf bis Fuß herunterzuspielen oder ganz in Frage zu stellen, und vielleicht ist es an dieser Stelle wirklich einmal angebracht, sie vor sich selber in Schutz zu nehmen. Liest man die drei jüngst über sie erschienenen Biographien – die von Donald Spoto, die von Steven Bach und selbst das Buch ihrer Tochter – so stellt sich im Gegenteil der Eindruck ein, daß Liebe das Element schlechthin ihres Lebens gewesen ist, und zwar in allen

Schattierungen und in Ausnützung der gesamten Skala: vom erotischen Liebesabenteuer bis zur Liebes-Freundschaft (zum Beispiel mit Hemingway), vom ehelichen Bund (ihre Ehe mit Rudolf Sieber ist ja nie geschieden worden) bis zur rein sexuellen Eroberung, von der hoffnungslosen Unterwerfung unter einen Mann bis zum lockeren lesbischen Getändel, von der (vielleicht mißglückten) Mutterliebe bis zur großzügigen Unterstützung in Not geratener Emigranten. Man könnte sogar sagen, daß es ein, wenn nicht schlechthin *das* Charakteristikum dieses einen Lebens gewesen ist, keine Spielart und keine Gelegenheit der Liebe zu versäumen – die Möglichkeiten (und das schließt auch die Irrtümer und Illusionen ein) der Liebe auszukosten bis zur Neige. Marlene Dietrich scheint für sich in aller Entschlossenheit und damit verbundenen Inkonsequenz wahr gemacht zu haben, daß das moderne Individuum kein anderes Geschick als die Liebe hat; daß es für ein Leben, das sich in seiner ganzen Abgründigkeit begreifen und verwirklichen möchte, gar keine Alternative zur Einstellung auf Liebe gibt. »Das ist meine Welt und sonst gar nichts«, lautet die zweite Zeile des berühmten Liedes, und sein Autor Friedrich Holländer wird gewußt haben, auf was er sich da bezog. »Nun hab ich mein Sach auf Nichts gestellt. Juchhe! Und mein gehört die ganze Welt«, heißt es in einem »geselligen Lied« Goethes, das selbst wiederum die große Tradition der Klagen über die Eitelkeit der Welt parodiert. Holländers Lied nimmt die Einstellung auf Liebe von der generellen Einstellung auf nichts aus: Nicht die ganze Welt gehört dem auf Liebe Eingestellten, sondern die ganze Welt wird ihm Liebe und dadurch seine Welt. Ohne Liebe wäre er weltlos. »Sie kennen doch das Spiel der Liebe«, wird

Marlene Dietrich in der Rolle der Nachtclubsängerin Erika von Schlütow ihrer Gegenspielerin mit dem sprechenden Namen Phoebe Frost erklären: »Wenn Sie einen Rat von einer alten Zockerin hören wollen: Manche haben Glück, andere haben Pech, und die sollten es lieber gar nicht erst versuchen.« Den Mann, um den es sich dreht, bekommt sie dann allerdings doch nicht, sondern wird in ein Arbeitslager abtransportiert. Der Einsatz im Spiel der Liebe ist hoch, es geht nie um weniger als alles oder nichts, und selbst ein Gewinn kann sich unversehens als Verlust herausstellen – der Spieler in diesem Spiel ist ein Günstling des Augenblicks.

Hinter diese Einsicht in die Liebe als Dreh- und Angelpunkt, als Sinn der Existenz Marlene Dietrichs treten alle Erwägungen zurück, was denn nun ausschlaggebend war für den Erfolg, ihr Gesicht oder Sternbergs Kamera. Mit ihr ist aber auch die Kritikermeinung im Kurs gefallen, alles könnte das Werk einer künstlerischen und technischen Manipulation und Simulation sein. Denn Liebe wird erlebt und gelebt; und wenn auch gilt, daß man Erlebnisse geschickt handhaben oder hervorrufen, nachahmen oder sogar vortäuschen kann, haben muß man sie allemal selbst, und ähnlich verhält es sich mit dem Leben auch: wohl läßt es sich manipulieren und simulieren, doch leben tut man es selbst: es läßt sich nicht delegieren, an kein Image, mit Hilfe keiner Kamera. »Man sollte Angst haben vor dem Leben, aber nicht vor dem Tod«, lautet der meistzitierte Satz von den Schell-Dietrich-Bändern, und er läßt die Intensität spüren, die für die Dietrich mit Leben verbunden war.

Ihren sicherlich stärksten Ausdruck findet diese Intensität in Marlene Dietrichs Gesang, und es ist alles andere als ein

Zufall, daß an ihre erste Karriere auf der Leinwand eine zweite als Diseuse sich anschloß, wie es auch keiner ist, daß ihre große Karriere erst mit dem Beginn des Tonfilmzeitalters einsetzte: Was wäre der *Blaue Engel* ohne die Lieder Marlenes? Ihre oft schwachen Filme wurden zumeist durch jene Momente gerettet, wo sie sang, und die singende Dietrich war immer die ganze Dietrich, interessanter und überzeugender als alle Charaktere, die sie darstellte. Ähnlich wie die Großaufnahmen fallen auch die Gesangsauftritte aus dem fortlaufenden Leinwandgeschehen heraus: sie präsentieren den Star in direkter Herausforderung des Zuschauers. Unvergeßlich wird mir die Szene in *Blonde Venus* bleiben, wo sie sich langsam aus einem Gorilla-Kostüm schält, um sodann ihr »Hot Voodoo« anzustimmen: »Hot Voodoo gets me wild / Oh fireman, save this child«, bringt sie ihre Stimme in einer Art femininem Kriegsgeschrei zum Röhren, so aufstachelnd wie einlullend, und man meint einer King-Kong-Parodie beizuwohnen: Das Monster mit Fay Wray in seinen Armen stellt sich als Fay Wray selbst heraus, die dadurch in den Besitz von dessen Unbezähmbarkeit gelangt.

Die Szene sagt aber noch mehr: Das Monster entpuppt sich nicht nur als eine schöne Frau, diese Göttin der Schönheit und der Liebe ist auch ein Monster, ein »Ernstfall der Humanität«, wie Hans Mayer dies nennt. Die eine ist aber nicht ohne das andere zu haben. Das ist, wenn man so will, die Tiefenstruktur von Marlenes Image, und dieser Doppelrolle, die für Leben und Legende gleichermaßen gilt, ist sie bis zuletzt treu geblieben. Manchmal ist die Zerstörung einer Legende der beste oder sogar einzige Weg, sie zu erhalten.

Ute Speck / Karin Wieland

Leni Riefenstahl

Leni Riefenstahl – ein Name, der zumindest in Deutschland nach wie vor umstritten ist. Er erinnert an die berühmte Regisseurin der NS-Zeit, in deren Filmen das faschistische Schönheitsideal deutlich propagiert wurde. Ute Speck und Karin Wieland zeichneten 1987 das Leben der Filmemacherin anläßlich ihres 85. Geburtstags und ihrer damals gerade erschienen Biographie nach.

LENI RIEFENSTAHL IST EINE FRAU, die durch ihre Bilder beeinflußt, die eine Bilderkarriere gemacht hat: Die Ausdruckstänzerin der frühen 20er Jahre verwandelte sich in die Schauspielerin, den Star der Bergfilme. In den 30er Jahren bis zum Ende der nationalsozialistischen Herrschaft reüssierte sie als Regisseurin und wurde schließlich eine preisgekrönte Fotografin in den 70er Jahren.
Jede dieser Karrieren war und ist äußerst erfolgreich. Am meisten macht sie immer noch als NS-Regisseurin von sich reden, sie drehte zwischen 1933 und '36 im Auftrag Adolf Hitlers vier Filme: *Sieg des Glaubens, Triumph des Willens* (Parteitagsfilme), *Tag der Freiheit* (Wehrmachtsfilm) und *Fest der Schönheit / Fest der Völker* (Olympiafilm). *Triumph des Willens* dient nach wie vor als bevorzugtes Illustrations-

material für Geschichtsbücher. Er blendet immer noch durch den Glamour der Nazis – oder was sie darunter verstanden. Der Film wird als einer der 20 größten Filme aller Zeiten vermutet. Susan Sontag, die sich mit Riefenstahlscher Ästhetik beschäftigt hat, hält den Film für ein Paradebeispiel des »faszinierenden Faschismus«.

Leni Riefenstahl selbst ist zu Lebzeiten zum Mythos geworden. Sie lernte mit 70 noch tauchen, veröffentlichte einen vielgerühmten Hochglanzbildband über das Leben unter Wasser und stellte so erneut unter Beweis, daß weder Schnee und Eis noch Hitze und Krankheit oder das hohe Alter sie an dem hindern können, was sie sich als künstlerische Tat vorgenommen hat.

Die Realität hat die im Kampf mit den Naturgewalten Geübte nur einmal eingeholt, nach dem Ende des Zweiten Weltkriegs, als sie wie alle anderen Nazigrößen zur Entnazifizierung antreten mußte. Seitdem fühlt sich Leni Riefenstahl selbst als Verfolgte; sie sagt, sie sei gestorben damals, und niemand habe sie mehr gekannt. Ihr Kampf für das Schöne wurde abrupt beendet. Indem sie sich selbst erfolgreich als Opfer inszenierte, konnte sie wiederum agieren: Sie prozessierte 1960 gegen Erwin Leiser, der in seinem Hitlerfilm *Mein Kampf* Ausschnitte aus *Triumph des Willens* mit Aufnahmen aus KZ's kontrastiert hatte. Sie zog 1985 gegen Nina Gladitz vor Gericht, die in ihrem Film *Zeit des Schweigens und der Dunkelheit* der Tatsache nachging, daß Leni Riefenstahl für ihr *Tiefland*-Filmprojekt Zigeuner aus dem KZ Maxglan als Komparsen verpflichtet hatte. Dieser Prozeß brachte neue und schlechte Publizität für Leni Riefenstahl. Aber es darf nicht mehr behauptet werden, sie habe gewußt, daß ihre Komparsen, die sie liebevoll Tante

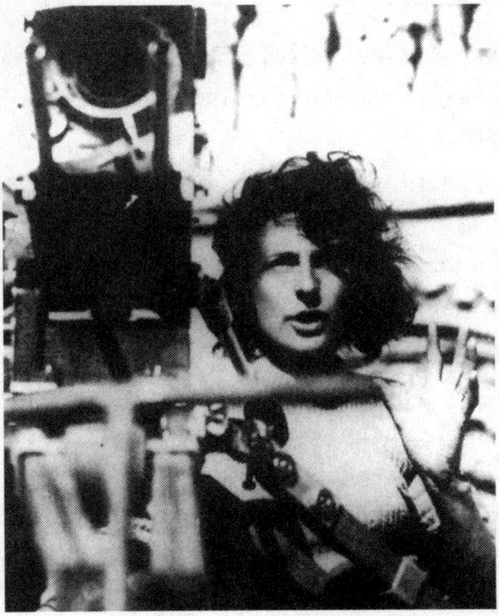

Leni Riefenstahl; Foto: Keystone

Leni nennen durften, nach Drehende für die Deportation nach Auschwitz vorgesehen waren – der Film muß bereinigt werden.

Nun hat sie eine 900 Seiten starke Autobiographie geschrieben, in der sie sich jeder obszönen Annäherung des triebhaften Propagandaministers erinnert; sie überstand alle unbeschadet. *Triumph des Willens* – der Titel stammte von Hitler selbst.

Man kann sie als williges Werkzeug der NS-Propaganda verstehen und es dabei belassen. Die Kontinuität ihrer Karrieren kann man verstehen als die Suche nach Schönheit, die sie ununterbrochen, naiv und ohne Seitenblick auf die Realität betrieben hat und betreibt – so behauptet Leni Riefenstahl es in zahlreichen Interviews. Ihr Leben ist – wie auch ihr künstlerisches Werk – von keiner Alltäglichkeit gestreift; ganz der Kunst hingegeben offenbart sie sich fasziniert vom Schönen, Starken, Harmonischen und Gesunden. Sie habe als Künstlerin nur das gesehen, was sie habe sehen wollen, so ihr Resümee.

Wäre da nicht diese Selbstinszenierung, das Sich-ins-Bild-Setzen. Die Rigorosität einer lebenslangen Selbstinszenierung legt die Frage nahe, was denn Leni Riefenstahl ohne diese Bilder wäre.

DIE BERGFILME, in denen Leni Riefenstahl in den 20er Jahren unter der Regie von Dr. Fanck erfolgreich als Schauspielerin agierte, halfen mit, ein Bild von ihr zu entwickeln, das sie fortan nicht mehr verläßt: Die »Einzige«. Zwei Männer und eine Frau (sie) im Kampf gegen die Naturgewalten in der reinen, klaren Luft der Berge.

Auf der Suche nach Reinheit und Schönheit, beim Kampf

gegen das Profane (Zivilisation) für das Heilige (Natur) duldet die Hohepriesterin der Schönheit kein anderes weibliches Wesen neben sich. Keine kann ihr folgen in diese reine Bergesluft, wo sie im Kampf mit Schnee und Eis ihren stählernen Willen, ihre eiserne Disziplin und ihre geheimen Bande zum Phantastischen und Irrealen auslebt.

1932 dreht Leni Riefenstahl ihren ersten eigenen Spielfilm *Das blaue Licht*, dessen Drehbuch aus ihren Träumen entstanden sein soll. Die Hauptfigur Junta, das schöne, mondsüchtige Wesen, dargestellt von Leni Riefenstahl, dieses Geschöpf der Natur – dessen Sprache niemand versteht – muß sterben, als ihr Geheimnis verraten wird und sie so ihr Ideal und ihre Einzigartigkeit verliert. Sie ist die Geheimnisträgerin, die Mythenfigur, die weiblich sein darf – unter der Bedingung, daß sie einzig bleibt.

»Wie in einer Vorahnung« habe sie darin ihr eigenes Schicksal erzählt, sagt Leni Riefenstahl, »als eine Frau im Bunde mit der Traumwelt, die sterben muß, weil ihre Ideale zerstört werden.«

Doch noch war es nicht so weit. Zunächst trifft sie Adolf Hitler, der sie zur »Einzigen« macht. Nach 1933 muß sie keine Drehbücher mehr zusammenträumen. Da ist sie die weißgekleidete Erscheinung unter den Männern in den schwarzen und braunen Uniformen – Leni Riefenstahl, das einzige weibliche Geschöpf in den eisigen Höhen der Nazihierarchie. Auf der Höhe der Macht bleibt sie in dieser Gemeinschaft der Männer die Geheimnisträgerin. Sie ist die Ewig-Weibliche im NS-Staat, der sie schützt, erhält und fördert. Ihre Kraft beruht auf dem Schöpfen aus dem Unbewußten, ihrer Intuition, ihren Visionen, die sie in Bilder übersetzt.

HITLER hat Leni Riefenstahls Willen, Schönes jenseits der Vernunft zu schaffen, für seine Zwecke entdeckt; es war sein Wunsch, daß sie ihm sechs Tage ihres Lebens opferte, um seine Idee, seine Worte, sein Geschlecht zu inszenieren – sie hat die Fähigkeit zu inszenieren, was er zu entfachen verstand. Albert Speer beschreibt, daß sie die Männerwelt (gemeint ist die Partei) »ungeniert für ihre Zwecke dirigierte«. Leni Riefenstahl brauchte diese Rolle nicht zu scheuen, hatte doch Hitler selbst sie zur Choreographin seines Schlachtviehs erkoren. *Triumph des Willens*, wie der Wunschfilm genannt wurde, ist nach ihrer Aussage ein Dokumentarfilm. »Ich habe gefilmt, was war.« Sie habe in ihren Bildern »reine Geschichte« transportiert. »Ich sagte Hitler, ich könne gar nicht die SA von der SS unterscheiden und wüßte auch gar nichts von der Partei und so, aber er sagte: Das ist ja gerade gut, sonst wird der Film langweilig.«

Langweilig ist der Film nicht geworden.

Sie entfacht eine Bilderorgie, setzt darin melodramatische Effekte und beraubt die abgefilmten Gesichter ihrer authentischen Ausdrücke. Durch suggestive Montagen werden handlungsentleerte, erstarrte Bilder in eine innere Dynamik und Spannung versetzt, so daß sie wortlos zu sprechen scheinen. Leni Riefenstahl montiert, biegt und schneidet sich die Realität nach ihrer eigenen Vorstellung zurecht, und so wird dann in ihren Bildern »das nur noch der gedruckten Überlieferung anvertraute Wort des Führers und seiner Getreuen noch einmal geboren«.

Leni Riefenstahl verfügt über die Intuition für die Schönheit der dem Tod Geweihten. So gelingt es der Geheimnisträgerin des Weiblichen, in dem Wissen, nicht mit

jenen sterben zu müssen – da sie unter einem anderen Schutz steht, eine andere Bestimmung hat – arrangierend und montierend die Schönheit des Untergangs zu dokumentieren.
Das Ballet der erstarrten Ekstasen der Gemeinschaft / Gemeinschaft der Männerleiber / gesehen durch ihre Kamera – als Schlachtvieh in tierhaften Rückeneinstellungen; als geometrische Formation von Männerkörpern, Körper, denen keine »Gelöstheit der Glieder« erlaubt ist.
Die Bilder brüllen: »Moriturite salutant.« Es sind Bilder von Männerkörpern, geborgen in einer ornamentalen, stummen Geometrie.
Das andere Wunderkind Hitlers, Albert Speer, hat »Worte aus Stein« geschaffen; es ist das Verdienst Leni Riefenstahls, Männerkörper zu einer ästhetisch-politischen Idee montiert zu haben; sie bestätigt so Benjamin in seiner Feststellung, das Material, aus dem der Faschismus seine Monumente baue, sei »vor allem das sogenannte Menschenmaterial« …

VIELE METER belichteten Films waren notwendig, damit Leni Riefenstahl ihre schönen Bilder schneiden und montieren konnte. Beim Aufspüren von authentischen Gesichtern als »Material« für ihre Filme stellte sie ihre Skrupellosigkeit unter Beweis. Auch das hat Tradition in ihrer künstlerischen Laufbahn, beginnt nicht erst 1933 und endet nicht 1945. Für ihren ersten Spielfilm *Das blaue Licht* findet sie in einem abgelegenen Bergtal »ihre« Sarntaler Bauern. Die haben diese harten, kargen Gesichter, dieses stolze, der Zivilisation trotzende Verhalten – Archetypen – seit Dürers Zeiten unverändert. Bis sie kommt und sie aufspürt:

»Und da jubelt's in mir, da sind sie ja, die Bauern, wie ich sie mir ausgemalt habe. Strenge, schwarzgekleidete Gestalten, mit hageren Gesichtern, mit stolzen, unnahbaren, abweisenden Mienen, die nichts an sich herankommen lassen.«
Doch sie macht sich an sie heran, und als einer der Bauern ihre Einladung zu einem Glas Wein annimmt, gibt es kein Halten mehr. Sie überredet die Bauern dazu, vor ihrer Kamera als Komparsen zu posieren, entjungfert deren authentische Gesichter mit der Kamera. Um sich in ihrer Selbstwahrnehmung als die »Einzige«, naturverbunden und von nicht bezweifelbarer Authentizität, inszenieren zu können, »verwirklichen« zu können, hat sie sich mit der Welt der Bauern in diesem Tal ihre erste Kulisse bereitgestellt. Hat die Gesichter, die Häuser, die Kirche besetzt, alles wird zur Kulisse.
Die Kameramänner beim Reichsparteitagfilm 1934 tragen SA-Uniformen und arbeiten mit Tele- und Weitwinkelobjektiven, um den Gesichtern unbeobachtete, authentische Ausdrücke zu entreißen. Leni Riefenstahl äußert sich zu diesem Drehverhalten so: »Ich bin nur von dem einen ausgegangen, nämlich möglichst bewegte Aufnahmen zu kriegen, weil ich ja keine Handlung hatte. Sie müssen sich das so vorstellen: wie ein Jäger, der auf der Jagd ist. Der hat da sein Jagdgebiet, und da kann er vielleicht einen Löwen schießen. Und so war ich mit meinen Kameraleuten.«
Zu Frau Riefenstahls Jagdgebieten zählte in den folgenden Jahren das KZ Maxglan, wo sie die Komparsen für das *Tiefland*-Projekt rekrutierte, und der Sudan, wo sie die Nubas, »Menschen wie von einem anderen Stern«, im Tausch gegen Glasperlen bei rituellen Messerkämpfen und Liebestänzen mit ihrer Kamera erlegte.

Sind die jeweiligen Bilder eingefangen, beginnt ihre eigentliche Arbeit: Schnitt und Montage, Anordnen und Kontraste setzen, Ringen um den heroischen Rhythmus, der die Zuschauer mit emporreißt; jenseits der Vernunft. Bei dieser Arbeit hat sie vor allem begriffen, daß Opfer belanglos sind. Eine Grundvoraussetzung, die Leni Riefenstahl und Adolf Hitler miteinander verbunden hat.

Susan Sontag sagt: »Faschistische Kunst glorifiziert die Hingabe; sie feiert die Rücksichtslosigkeit; sie verherrlicht den Tod.«

Leni Riefenstahl pflegt zu betonen, wie sehr man sie immer geliebt habe – so die Sarntaler Bauern, die Zigeuner aus Maxglan, die Nubas. Sie ist als »Einzige« übriggeblieben.

Claudia Schoppmann

Erika Mann

Sie schrieb nur für den Augenblick und für den Alltag: das heißt gegen Hitler, gegen den Nationalsozialismus und für die Gastländer der Emigration. Als Autorin von Kinderbüchern, politischen Dokumentarberichten, autobiographischen Erzählungen und Geschichten aus dem Alltag stand die Publizistin Erika Mann keineswegs in Konkurrenz zu Vater und Bruder. Vielmehr als eine Existenz als Literatin war ihr politische Aufklärung ein Anliegen.
Unter dem Motto »Im Fluchtgepäck die Sprache: Deutschsprachige Schriftstellerinnen im Exil« zeichnet Claudia Schoppmann den Lebensweg der berühmten Mann-Tochter nach.

SEIT 1933 habe sie nur für den Kampf gegen Hitler gelebt, schrieb Erika Mann 1943 in ihrem autobiographischen, Fragment gebliebenen Romanentwurf *I, of all people.* Wort und Schrift waren die Waffen im Kampf dieser »modernen Jeanne d'Arc«, wie sie der Schweizer Publizist Manuel Gasser in seinem Nachruf sicher nicht zu Unrecht genannt hat. Eine vielseitig begabte und beeindruckende Frau, eine politische Publizistin und unermüdliche Antifaschistin ist wiederzuentdecken, die zu lange im Schatten der berühmten Mann-Männer, des Vaters Thomas, des Onkels Heinrich und des Bruders Klaus, gestanden hat. Weitgehend unbeachtet blieb auch ihr Werk; erst in den allerletzten Jahren, lange nach ihrem Tod, erschien ein kleiner Teil ihrer im Exil entstandenen Arbeiten zum ersten Mal in Deutschland.

Als ältestes Kind von Katia und Thomas Mann wächst Erika, im November 1905 in München geboren, in privilegierten Familienverhältnissen auf. Von klein auf ist sie und der ein Jahr jüngere, ihr sehr nahestehende Bruder Klaus von Prominenten, die im Haus im Herzogenpark ein- und ausgehen, umgeben und wird früh mit Kunst und Literatur vertraut. Ein kosmopolitischer, unkonventioneller Lebensstil und ihre Abenteuerlust – die begeisterte Autofahrerin siegt 1931 bei einem 10 000 km-Rennen durch den Balkan – mögen ihr ungewöhnliches Leben im Exil erleichtert haben.

Während der Bruder Klaus sich früh als Schriftsteller versucht und damit gegen den allmächtigen Vater anschreiben muß, schlägt die Lieblingstochter Thomas Manns nach dem Abitur 1924 zunächst eine Laufbahn als Schauspielerin ein. Nach einem Schauspielstudium bei Max Reinhardt in Berlin hat sie bis Anfang der dreißiger Jahre mit wechselndem Erfolg Engagements in Berlin, Hamburg, Frankfurt am Main, Bremen und München. Klassiker und Stücke moderner AutorInnen gehören zu ihrem Repertoire, aber auch die dramatischen Versuche Klaus Manns, die für Furore und den Ruf der Geschwister als *enfants terribles* sorgen. In *Anja und Esther*, einem »anrüchigen« Stück mit lesbischer Thematik, spielen 1925/26 neben dem Autor selbst und dessen Freund Gustaf Gründgens Erika Mann und ihre

Erika Mann

Freundin Pamela Wedekind die Titelrollen. 1927 folgt die ebenfalls skandalumwitterte Revue zu Vieren in gleicher Besetzung. Um beruflichen und persönlichen Schwierigkeiten zu entgehen – Erika Mann war 1926 eine nur kurze Zeit währende Ehe mit Gründgens eingegangen –, begeben sich die beiden Geschwister Ende 1927 auf eine mehrmonatige Weltreise und halten sich, werbewirksam als »Mann-twins« vermarktet, mit Vorträgen und Lesungen über Wasser. Ihr gemeinsam verfaßter Reisebericht *Rundherum*, dem weitere Koproduktionen folgen sollten, erscheint 1929. Hier wie in den Artikeln, die etwa in der Berliner Zeitschrift *Tempo* erscheinen, wird ihre Begabung zum Feuilleton, zur Glosse deutlich.

In den letzten Jahren der Republik steht Erika Mann weiter auf der Bühne, etwa mit Albert Bassermann in Schillers *Don Carlos*, in Klaus Manns Cocteau-Adaption *Die Geschwister*, oder sie spielt in Christa Winsloes erfolgreichem Film *Mädchen in Uniform* in der Regie von Leontine Sagan mit. Im Januar 1932 folgt dann ihr erster Auftritt auf der politischen Bühne: Als Schauspielerin beteiligt sie sich an der »Internationalen Frauenversammlung für Frieden und Abrüstung« in München und rezitiert, im Anschluß an die Hauptrednerin Marcelle Capy, ein pazifistisches Gedicht. Die im Saal anwesenden Nationalsozialisten randalieren daraufhin heftig. Der *Völkische Beobachter* polemisiert gegen den Auftritt des »blasierten Lebejünglings«, damit auf Erika Manns Bisexualität anspielend. Die Familie Mann, so heißt es drohend, entwickle sich zu einem Münchner Skandal, »der auch zu gegebener Zeit seine Liquidierung finden muß«. Nach diesem Vorfall kann Erika Mann ihren Beruf als Schauspielerin nicht mehr unangefochten ausüben. Der

Intendant des Bergwaldtheaters in Weißenburg / Bayern, der sie für den Sommer 1932 engagiert hatte, kündigt ihr den Vertrag.

Die Stimmengewinne der Nationalsozialisten bei den Reichstagswahlen im Juli 1932 sind beängstigend. Von einer Skandinavienreise, die die Geschwister im Sommer dieses unruhigen Jahres unternehmen, schreibt Erika Mann an die Freundin Eva Herrmann, ihnen graue, »vor der Rückkehr in dieses Wahnsinnsland, in dem man uns zum Überfluß täglich Bomben und Gummiknüppel androht in sämtlichen Hitler-Blättern, die doch bald allein die Öffentlichkeit darstellen werden.«

Erika Manns Plan, ein politisches Kabarett zu gründen, ist eine Antwort auf die sich zuspitzende Situation. Angeregt durch den Pianisten Magnus Henning erarbeitet sie ein Programm für ein Kabarett, für das Thomas Mann den Namen »Pfeffermühle« findet. Am 1. Januar 1933 findet in der Münchner »Bonbonniere« die Premiere der »Pfeffermühle« statt, die bald zum erfolgreichsten Kabarettunternehmen der Emigration avancieren wird und bis 1937 über 1000 Aufführungen in sechs Ländern verzeichnen kann – Erika Manns glücklichste Zeit im Exil. Zum Ensemble der »Pfeffermühle« gehört neben Erika Mann, die fast alle Texte der verschiedenen Programme und Revuen selbst schreibt, die organisatorische Leitung übernimmt und als erster weiblicher Conférencier auftritt, der Pianist und Komponist Magnus Henning. Des weiteren als schauspielerische Glanzbegabung Erika Manns langjährige Freundin Therese Giehse, die auch Regie führt, sowie u. a. die Schauspielerin Sybille Schloß und (ab 1934) die Grotesktänzerin Lotte Goslar. Dieses noch nicht allzu politische Programm findet beim Münchner Publikum großen Anklang, und die Neue Zürcher Zeitung merkt an, daß »der Charme Erikas in der Geschichte des deutschen ›Brettls‹ etwas Neues« sei: »Man läßt sich die Frauenemanzipation gern gefallen, wenn sie mit soviel lächelnder Eleganz verbunden ist [...]«. Auch im Februar 1933, als Hitler in Berlin bereits die Macht übernommen hat, in Bayern jedoch vorläufig noch die Regierung unter Ministerpräsident Held im Amt bleibt, mahlt die »Pfeffermühle« weiter, doch nach den Wahlen vom 5. März, die den Nazis den Sieg bringen, ist an ein Weitermachen nicht mehr zu denken. Erika Mann entschließt sich zur Emigration; am 13. März übertritt sie die Schweizer Grenze, und der größte Teil ihres Ensembles folgt ihr. Trotz verschiedener Schwierigkeiten mit der Fremdenpolizei – nur wenige ausländische KünstlerInnen erhalten in der Schweiz, im Gegensatz zum ansonsten strikten Arbeitsverbot für EmigrantInnen, eine zeitlich befristete Arbeits- und Aufenthaltsgenehmigung – startet die »Pfeffermühle« am 30. September im Zürcher Exil mit einem neuen, wesentlich politischeren Programm. Unterhaltsam zu sein und antifaschistisch zu wirken, ohne belehrend zu sein, ist Erika Manns Devise. Stets indirekt, mit Parabeln und Gleichnissen wird gearbeitet, um vor den Augen der Zensoren in den Stadtverwaltungen, denen die Programme stets zur Genehmigung vorgelegt werden müssen, bestehen zu können. Für das Publikum dennoch unmißverständlich werden Lüge, Ungerechtigkeit und Verbrechen in Deutschland attackiert und an Gerechtigkeit und Vernunft appelliert. Auch wenn der Name Hitlers oder Nazideutschlands nie fällt, so wissen doch alle ZuschauerInnen, wer gemeint war, wenn Erika Mann in schwarzen Reitstiefeln und peitscheknallend etwa das Lied vom »Prinz vom Lügenland« singt. Die »Pfeffermühle« gebe sich Mühe, »auf anständigem Niveau unterhaltend zu sein und auf unterhaltende Art nachdenklich ... Wir versuchen, in der leichten Form, die wir uns gewählt haben, die schweren Dinge zu sagen, die heute gesagt werden müssen – und wir hätten allen Grund, uns zu schämen, wollten wir jemals damit aufhören«, schreibt die engagierte Kabarettleiterin in einem Leserbrief an eine Schweizer Zeitung im November 1934. Hintergrund dieses Verteidigungsbriefes waren Angriffe der nationalistischen, mit Hitler offen sympathisierenden Schweizer »Frontisten«. Nicht nur in der Schweiz, sondern auch in den Nachbarländern, in den Niederlanden, der Tschechoslowakei, Belgien und Luxemburg, wo die »Pfeffermühle« viele erfolgreiche Gastspiele gibt, mehren sich die Schwierigkeiten durch den Druck, den die NS-Botschaften auf die jeweilige Regierung ausüben, und die die »salonbolschewistischen und deutschfeindlichen Tendenzen« der »Pfeffermühle« zu verbieten suchen. In Straßburg, Wien und fast allen Schweizer Kantonen gibt es zeitweilig politische Auftrittsverbote, der europäische Boden wird immer heißer. Bei einer dritten Tournee durch die Niederlande 1936 – am 24. April feiert man die tausendste Vorstellung – wird ihr nahegelegt, in Zukunft ganz auf die politische Linie ihres Kabaretts zu verzichten. Eine »Mühle« ohne Pfeffer kommt für Erika Mann, die die Nazis für ihre Kabarettarbeit am 8. Juni 1935 mit der Ausbürgerung »ausgezeichnet« hatten, jedoch nicht in Frage. Die eine Woche später geschlossene Paßehe mit dem englischen Dichter Wystan H. Auden macht sie zur britischen »Untertanin« und erspart ihr das Schicksal einer Staatenlosen. Nach einem letzten »Pfeffermühlen«-Auftritt im Mai 1936 in Luxemburg entschließt sich Erika Mann für einen Neuanfang in den USA. Eine Privatvorstellung im August 1936 vor Max Reinhardt und erlesenen amerikanischen Gästen in Salzburg soll den Start für die geplante USA-Tournee erleichtern. Doch die Premiere der »Peppermill« im Januar 1937 in New York wird ein Reinfall, nicht nur wegen der Sprachschwierigkeiten, sondern vor allem deshalb, weil die Form des politischen Kabaretts in den USA völlig unbekannt ist und sich im isolationistischen Amerika noch kaum jemand für Hitler interessiert.

Der Mißerfolg der »Peppermill« bedingt einen erneuten Berufswechsel. Ein Auftritt auf der ersten großen Anti-Hitler-Versammlung in New York im März 1937 vor 23 000 Menschen bildet den Einstieg in ihre zweite, spezifisch amerikanische Existenz als *lecturer*, als Vortragende. Bis 1950 verbringt Erika Mann fast in jedem Jahr mehrere Monate als *lecturer*, fährt kreuz und quer über den nordamerikanischen Kontinent und spricht vor unzähligen Frauenclubs, jüdischen Organisationen, Colleges u. a. Unermüdlich klärt sie das amerikanische Publikum über die Situation in Europa auf; sie warnt vor Hitler und den Folgen seiner verbrecherischen Politik, spricht über die Situation von Frauen und Kindern im »Dritten Reich« oder ruft zum Boykott deutscher Waren auf, um nur einige wenige Themen von etwa hundert im Nachlaß erhaltenen Vorträgen zu nennen. Das aus eigener Anschauung resultierende Wissen und ihre persönliche Ausstrahlung tragen dazu bei, daß sie bald zum erfolgreichsten weiblichen *lecturer* in den USA avanciert. Dabei kommen ihr auch die Erfahrungen als Schauspielerin und Kabarettistin zugute, insbesondere in der Anfangszeit, als die englische Sprache noch »eine sehr schwere Hürde« ist und sie die ausgearbeiteten und dann übersetzten Vorträge auswendig lernt.

Auch wenn ihr diese der Aufklärung und Verständigung verpflichtete Arbeit das Gefühl gibt, nützlich zu sein und Einfluß auf zumindest einen kleinen Teil der amerikanischen Öffentlichkeit nehmen zu können, hat diese »einsam-gejagte Existenz«, von der sie in manchen Briefen spricht, doch auch etwas sehr Ermüdendes und wegen der häufigen Wiederholungen Langweiliges an sich. Das *lecture*-Leben stelle zudem größere Anforderungen an die physische Widerstandskraft als manche Schwerarbeiterexistenz, schreibt sie 1947 in »Lecturer in Amerika« für eine Schweizer Zeitschrift.

Ihre Vorträge, aber auch ihre Veröffentlichungen hat Erika Mann als Fortsetzung ihrer antifaschistischen Kabarettarbeit mit anderen Mitteln begriffen. 1938 erscheint ihr erstes englisches Buch, *School for barbarians*, ein genauer Dokumentarbericht über die Erziehung der Kinder und Jugendlichen im Hitlerstaat und die verheerenden, weitreichenden Folgen für die Zukunft Deutschlands. Das Buch, ein Bestseller in den USA, erscheint gleichzeitig auf deutsch im Amsterdamer Exilverlag Querido, der von dem mit ihr und Klaus Mann befreundeten Verleger Fritz Landshoff geleitet wird, einem Cousin Ruth Landshoff-Yorcks. In Deutschland sind ihre Bücher verboten; auch ihr 1934 in der Schweiz erschienenes Kinderbuch *Muck der Zauberonkel* – ein Genre, das ihr zeitlebens viel Freude macht – steht auf dem Nazi-Index des »schädlichen und unerwünschten Schrifttums«.

Um für die *lecture-tours* Informationen aus erster Hand zu

haben, fährt Erika Mann immer wieder in das krisengeschüttelte Europa; so im Sommer 1938 mit dem Bruder Klaus zu den spanischen Kriegsschauplätzen. Beide berichten für verschiedene Emigrationszeitungen von dieser bewegenden Reise, bei der sie zum ersten Mal seit ihrer Emigration fühlen, »daß wir siegen können. Dies Erlebnis, das spanische Volk im Kampf zu sehen gegen die Feinde seiner Freiheit, die die unseren sind – dies Erlebnis ist unaustilgbar und es ist das schönste, was uns in der Verbannung begegnet ist.«

Gemeinsam mit Klaus Mann entstehen wenig später zwei Bücher: *Escape to life* (1939), eine Auftragsarbeit für den renommierten Bostoner Verlag Houghton Mifflin; das erste große *Who is Who* des Exils, das insbesondere prominente EmigrantInnen aus Kunst und Kultur der amerikanischen Öffentlichkeit vorstellt und von dem sogar eine zweite Auflage erscheint. *The other Germany* (1940), vor Kriegsbeginn geschrieben, ist gewissermaßen eine Fortsetzung von *Escape to life* und von der verzweifelten Hoffnung geprägt, der innerdeutsche Widerstand, das »andere Deutschland«, möge den Krieg verhindern – eine Hoffnung, die durch die Ereignisse bitter enttäuscht wurde und die Erika Mann spätestens 1940 aufgegeben hat. In ihrem 1940 erschienenen Buch *The lights go down* schildert sie dagegen das Leben in einer deutschen Kleinstadt im Jahre 1938. Anhand von zehn fiktiven, jedoch auf authentischem Material basierenden Einzelschicksalen beschreibt sie das alltägliche Leben der Menschen und die Konflikte und dramatischen Folgen, die ihnen aus der verbrecherischen Politik Hitlers erwuchsen.

Mit der Annexion Österreichs, dem Einmarsch Hitlers in

Prag und dem Beginn des Zweiten Weltkrieges spitzte sich die Situation für die Flüchtlinge in Europa dramatisch zu. Immer vehementer fordert Erika Mann die Intervention der USA zugunsten der Alliierten. Gleichzeitig setzt sie sich privat und in verschiedenen Hilfskomitees für die Verfolgten ein, sammelt Geld und Visa und schreibt unzählige Bittbriefe. Seit 1937 gehört sie zum *board of directors* der von Prinz Hubertus zu Löwenstein gegründeten »American Guild for German Cultural Freedom«, arbeitet zugunsten der Spanienflüchtlinge für das »Aid Committee for Former German and Austrian Volunteers in the Spanish Government Army« und unterstützt das 1940 gegründete »Emergency Rescue Committee«. Ihre vielfältigen, parteiübergreifenden Bemühungen auf diesem Gebiet mag exemplarisch ein Brief dokumentieren, der sich im New Yorker Leo-Baeck-Institute befindet und in dem es um den antifaschistischen Schriftsteller Kurt Kersten (1891–1962), einen der vielen in Frankreich Internierten, geht, für dessen Freilassung Erika Mann sich einsetzt. In einem Brief vom November 1939 schreibt sie an die Stieftochter Kerstens, man habe versucht, »durch Schritte bei den französischen Autoritäten in Frankreich und hier die Freilassung unserer Freunde durchzusetzen, b.) haben wir Geld zur Verteilung hingeschickt. Was Kersten persönlich angeht, so habe ich 1.) die Verteiler des Geldes in Holland (Querido und De Lange) auf seinen Fall besonders hingewiesen, 2.) habe ich mich in seiner Sache eigens an den New Yorker P.E.N. Club gewandt und 3.) habe ich ihm telegraphisch 1000 Francs aus einem hier gesammelten Fonds überwiesen« – übrigens eine erstaunlich hohe Summe für die damalige Zeit. Ungeklärt bleibt, ob Kerstens Flucht über Casablanca nach Martinique unmittelbar durch Erika Manns Hilfe ermöglicht wurde und welche Organisation sich hinter dem erwähnten »Fonds« verbarg. Mit Sicherheit zum Nachteil gereicht hat jedoch die Tatsache, daß Kersten Mitarbeiter bei der kommunistischen *Volkszeitung* gewesen war. Erst 1946 gelang ihm, nach mehrjähriger Internierung auf Martinique, die Einreise in die USA.

Im August 1940 fliegt Erika Mann für zwei Monate auf Einladung des britischen Informationsministers Duff Cooper via Lissabon nach London, um bei der Zusammenstellung der deutschsprachigen Sendungen der BBC mitzuarbeiten und Richtlinien für die Radioarbeit zu entwerfen. Die Angst der seit 1938 ebenfalls in den USA lebenden Eltern um ihre Tochter ist nicht unbegründet. Nicht nur droht England die Invasion durch deutsche Truppen; auch eine Überfahrt ist nicht ungefährlich: die Schwester Monika kommt im September 1940 nur knapp mit dem Leben davon, als ihr Schiff von den Nazis torpediert wird; ihr Mann stirbt bei dem Angriff. Persönliches Risiko scheint Erika Mann jedoch nicht gescheut zu haben. Im September 1940 beginnt der »Blitz«, die verheerenden deutschen Bombenangriffe auf England. Sie befreit nicht nur den dort als »feindlichen Ausländer« internierten Freund Fritz Landshoff und versucht, einer Anzahl von *refugees* die Einreise in die USA zu ermöglichen. Vor allem aber verfaßt sie neun Radiosendungen, in denen sie an das deutsche Volk appelliert, den sinnlosen Krieg zu beenden. Auch daß das BBC-Gebäude während einer ihrer Ansprachen von Bomben getroffen wird, kann sie von ihrer Arbeit nicht abhalten. Mit sichtlicher Genugtuung stellt sie in einem Brief an die Freundin Lotte Walter im November 1940 fest, daß ihre Reden die

Nazis erbost hätten. In Vorträgen und Artikeln wie dem hier abgedruckten berichtet sie nach ihrer Rückkehr in die USA über die verheerenden Folgen der Luftangriffe, gleichzeitig aber auch über die »erholende« Erfahrung, in einem Land gewesen zu sein, das aktiv gegen Hitler kämpft. Ebenso wie in dem Text »In Lissabon gestrandet«, der kontrastierend hierzu die Situation der zum passiven Warten verdammten Flüchtlinge in Lissabon beschreibt, verherrlicht sie nicht etwa den Krieg als solchen. Ihr ist jedoch längst klar, daß der Sieg über Hitler nicht von innerdeutschem Widerstand, sondern nur von außen, auf militärischem Weg, erreicht werden kann, und daß nach den schnellen Siegen Hitlers über Polen und Frankreich und dem deutsch-sowjetischen Nichtangriffspakt die Intervention der USA dringend notwendig ist.

Auch im Herbst 1941 fährt Erika Mann noch einmal auf Einladung des britischen Informationsministers nach London; nur dort, so schreibt sie im Mai 1941, ein halbes Jahr vor dem Kriegseintritt der USA, an Lotte Walter, habe sie das Gefühl, »am richtigen Platz und ganz ›okay‹ zu sein«. Außerdem lebe sie nun mal davon, dorthin zu reisen, wo es gefährlich sei, um dann im Winter auf den *lecture-tours* davon berichten zu können.

Nach kurzer Tätigkeit im Januar 1942 für den »Coordinator of Information«, der für die Kriegspropaganda zuständig ist, reist sie ab 1943 als eine bei der US-Armee akkreditierte Kriegsberichterstatterin für verschiedene amerikanische und eine Londoner Zeitung auf die Kriegsschauplätze in Ägypten, Persien und Palästina; im Juni 1944 kommt sie als eine der ersten *women correspondents* nach Frankreich, Belgien und 1945 schließlich nach Deutschland. 1945/46 berichtet sie aus Europa und insbesondere aus Deutschland, u.a. auch von den Nürnberger Kriegsverbrecher-Prozessen. Ihre unerbittliche Haltung gegenüber den Deutschen – sie spricht von der Kollektivschuld der Deutschen, und schon 1941 hatte sie vehement deren gründliche Umerziehung gefordert – sieht sie durch ihre Erfahrungen im Nachkriegsdeutschland voll bestätigt. Der fehlende radikale Bruch der Deutschen mit der Nazivergangenheit, ihre ablehnende Haltung gegenüber den (z.T. zurückkehrenden) EmigrantInnen und der aufziehende Kalte Krieg verhindern, daß Erika Mann wieder endgültig nach Deutschland zurückkehrt.

Doch auch in den USA wird es für sie zunehmend unerträglicher: 1947 vom amerikanischen Kriegsministerium noch für ihre »patriotischen Verdienste« und ihren »hervorragenden Einsatz als akkreditierte Kriegsberichterstatterin« ausgezeichnet, verschleppt man ihren im gleichen Jahr gestellten Antrag auf die US-Staatsbürgerschaft. Ihr Privatleben wird durchschnüffelt, und ihren antifaschistischen Einsatz macht man ihr nun, in den Jahren der »Kommunistenhatz« McCarthys, zum Vorwurf und entzieht ihr damit die berufliche Existenz.

Einer Partei hat Erika Mann übrigens nie angehört. Sie selbst hat sich in der McCarthy-Ära, sicher bewußt vorsichtig, einmal als »militant liberal«, als »konservativ mit einem sozialen Gewissen« bezeichnet, was jedoch nicht verhinderte, daß sie 1949 auch in der BRD als »kommunistische Agentin« diffamiert wurde. Gedemütigt und enttäuscht verläßt sie 1952 das Land, das ihr einst Aufnahme gewährte und – mehr noch – zur Heimat geworden war und emigriert ein zweites Mal.

Sie macht ihren Einfluß auf die Eltern geltend, die dann zusammen mit ihr die USA verlassen, um ihren letzten Wohnsitz in der Nähe von Zürich zu beziehen. Schon zu Beginn der Emigration war es ihrem Einfluß auf den Vater zuzuschreiben gewesen, daß Thomas Mann, seit 1933 im Schweizer Exil, sich zum Jahresbeginn 1936 endlich auch öffentlich zur Emigration bekannte. Dies war von nicht zu unterschätzender Bedeutung, wurde Thomas Mann doch zu einem der wichtigsten Repräsentanten der literarischen Emigration.

Noch einmal ganz von vorn anzufangen – dazu hat sie die Kraft nicht mehr. Ihre letzten zwei Lebensjahrzehnte sind bestimmt von der Arbeit für und mit dem Vater; sie kümmert sich nicht nur um die Verfilmung mehrerer Romane – im *Felix Krull* spielt sie selbst sogar die Rolle der Gouvernante –, sondern redigiert auch Reden und andere Arbeiten. Schon nach dem Selbstmord von Klaus Mann im Mai 1949 hat sie sich beständig um die Herausgabe seiner Romane bemüht. Nach dem Tod des Vaters 1955 sei sie zum »bleichen Nachlaßschatten« verkommen, wie sie in dem ihr eigenen ironischen Ton, der die Lektüre ihrer Briefe zu einem Genuß macht, vermerkt.

»Für die Erwachsenen zu schreiben ist mir längst zu blöd«, schreibt sie 1953 anläßlich der Veröffentlichung einer Kinderbuchserie mit spürbarer Resignation an Curt Bois. Die anstrengende Nachlaßarbeit – die Edition von drei Thomas Mann-Briefbänden habe sie »schier getötet« – und langwierige, schmerzhafte Knochenkrankheiten, die sie in den letzten zehn Jahren ihres Lebens oft wochenlang ans Krankenbett fesseln, verhindern, daß sie für eigene Arbeiten, beispielsweise eine Autobiographie, noch Zeit und Kraft findet. Doch nimmt sie, ein »gebranntes Kind« (E. Mann), nichtsdestotrotz auch weiterhin bis zu ihrem Tod 1969 zu aktuellen politischen Problemen Stellung, etwa gegen den Vietnamkrieg oder gegen die Verhaftung des Ostberliner »Aufbau«-Leiters Walter Janka.

Marcel Haedrich

Coco Chanel

**»Drei Namen aus diesem Jahrhundert werden in Frankreich Bestand haben: de Gaulle, Picasso und Chanel.«
Das Urteil stammt von André Malraux, Schriftsteller und zehn Jahre lang französischer Kulturminister. Mit der Modeschöpferin würdigte er eine Dame, die beinahe schon zu einer gallischen Institution geworden ist. Niemand in der Mode, die so sehr der Vergänglichkeit unterworfen ist, hat diese nachhaltiger geprägt als Coco Chanel.
Marcel Haedrich, der eine Biographie über das Leben der Modezarin verfaßte, hat sie mehrere Male zu Hause aufgesucht. Seine erste Begegnung mit ihr schildert er hier.**

ICH HABE Coco Chanel 1958 kennengelernt. Sie war 75 Jahre alt. Ein ehrwürdiges Ungeheuer. Siegesbewußt zwang sie ihren Stil der ganzen Welt auf. Da ihr im Leben alles gelungen war, bat ich sie mir ihre Siege aufs Tonband zu erzählen. Sie murmelte ins Mikrofon: »Ich weiß nicht einmal, ob ich glücklich gewesen bin.«
Sie sagte: »Jeden Tag vereinfache ich etwas, da ich jeden Tag etwas dazulerne.« Sie sagte: »Wenn ich nichts mehr erfinde, bin ich erledigt.« Sie sagte: »Diese Frau weiß alles, was sich lernen läßt, aber nichts von dem, was man nicht lernen

kann.« Sie sagte: »Die Jugend ist etwas sehr Neues, vor zwanzig Jahren hat man von ihr nicht gesprochen.« Sie sagte auch noch: »Allein die Wahrheit kennt keine Grenzen.« Und dieses: »Ich bin nur noch auf eins neugierig: auf den Tod.«

Aus der Flut der Worte suchte ich mir die Goldkörner heraus. Nicht alle. Sie sprach schnell, und man mußte sich an ihre dumpfe Stimme gewöhnen. Ich fand sie zu stark geschminkt, ein aggressives Make-up mit allzu roten Lippen, zu breiten und zu schwarzen Augenbrauen, und auch ihre Haare waren zu dunkel gefärbt. Für mich war sie zunächst folgendes: eine fast abstoßend geschminkte alte Dame, die redete und redete. Sie war zwei Jahre älter als meine Mutter. Daran mußte ich denken, denn ich fragte mich: Was machst du eigentlich bei Coco Chanel, du, kleiner Mann aus der Provinz? Sie schüchterte mich ein. Ich machte die Ohren auf. Wenn man bei ihr eintrat, versank man in einem Monolog. Auch die Augen machte ich auf. Ich war bei einem Denkmal zu Besuch. Was weiß man schon vom Eiffelturm? Von Coco Chanel hatte ich eine ebenso konventionelle Vorstellung. Ich wußte, daß sie sehr schön gewesen war und ein Löwe der Belle Epoque sie aus Moulins, einer Garnison der Kavallerie, nach Paris gebracht hatte, wo sie zur Emanzipation der Frauen beitrug, indem sie sie aus ihren Korsetts herauszerrte; daß sie einen Stil und Parfüms kreiert hatte; daß der Herzog von Westminster sie mit Juwelen bedeckt (acht Meter Perlen, Smaragde und Brillanten schaufelweise) und sie das Schwarz, die kurzen Haare, den unechten Schmuck und dergleichen lanciert hatte.

Coco Chanel! Ich befand mich in ihrem Salon, in der Höhle Ali Babas, in Gegenwart der Schätze Golkondas, der Wand-

Coco Chanel
Foto: Kammermann, 1958

schirme aus Koromandelholz, von Perlmutter, Ebenholz und Elfenbein, von Hirschkühen und Löwen, Gold und Kristall, von Masken, einer Wand von kostbaren Büchern, Lampenglocken, umgeben von etwas Magischem, einem Parfüm von Tuberosen – das war Byzanz und der Palast der chinesischen Kaiser, das Ägypten des Ptolemäus und in den Spiegeln über dem Kamin eine Ahnung von Griechenland mit einer Venus aus dem 4. Jahrhundert, an sie geschmiegt eine Art Eber, ein phantastisches, wildes Tier, ferner ein Meteorstein, aus den Abgründen des Himmels vor Tausenden von Jahren in der Mongolei abgestürzt, dies alles ineinander verschmolzen, miteinander verwoben und geordnet in einer von Cocos Geschmack auf wunderbare Weise im Gleichgewicht gehaltenen Unordnung. Eine Pracht. Für mich zuviel. Kann man dort überhaupt leben? Auf dem Diwan schlafen und lieben? Die gleichen Fragen hatte ich mir in den Gemächern der Borgias im Vatikan gestellt: Konnte man in einer solchen Herrlichkeit wirklich atmen, essen, trinken und zärtlich sein? In dieser Umgebung? Behält der Papst sein Käppchen auf seinem Schädel, wenn er sich rasieren läßt? Coco setzte niemals ihren Hut ab, war bei sich selber im Museum Chanel zu Besuch.

An diesem Tag (meine ersten Notizen tragen das Datum des 1. August 1959) war es ein flacher Strohhut mit breiter Krempe, auf dem vorn ein großes Schmuckstück steckte. Sie trug ein Kostüm aus sehr leichtem Stoff, fast weiß mit einer zarten Tönung hellen Goldes. Sie zog an ihrer Jacke. Während des Sprechens hörte sie nicht zu rauchen auf.

»Wenn dieser ganze Tumult vorbei ist, werde ich einige Modelle neu entwerfen«, erklärte sie.

Ich hatte mir soeben ihre Kollektion angesehen und mit

Hervé Mille, es war Samstag, einer Vorführung für Einkäufer beigewohnt. Ich war damals Chefredakteur von *Marie-Claire*, kümmerte mich aber überhaupt nicht um die Mode, denn ich war überzeugt, davon nichts zu verstehen; außerdem interessierte sie mich nicht. Für diesen Teil unseres Blattes hatten wir unsere Damen, bezaubernde Geschöpfe, naiv und pervers, einschmeichelnd und erbarmungslos, groß in ihrem Reich, denn sie konnten von Dior oder Bérard als Christian, von Fath als Jacques und von Balmain als Pierre sprechen (dieser liebe Pierre modelt seine hübsche Madame um). Wenn man sie bei einer Kollektion versammelt sah, diese Damen von den Zeitungen und Zeitschriften, konnte man die Mode nur voller Verwunderung betrachten. Dennoch dienten sie ihr, so wie die Vestalinnen das Feuer auf den Altären Roms unterhielten, mit der gleichen Ergebenheit und Überzeugung, häufig ebenso keusch wie die Vestalinnen – nicht aus tiefem Glauben, sondern aus Notwendigkeit –, daher nervös, reizbar, parfümiert und in dieser Zeit, die ich heraufbeschwöre, noch sehr gepanzert. Sie befolgten eine strenge Diät und verstanden nur noch, in Kalorien zu rechnen. Man konnte sie, wenn sie enttäuschten, nicht wie die Vestalinnen lebendig begraben.

Coco sagte: »... eine Philosophie der Mode? Das verstehe ich nicht, das besagt überhaupt nichts. Eine Mode für die Jungen? Das ist ein Pleonasmus; es gibt doch keine Mode für die Alten. Was soll das heißen, eine junge Mode? Daß man sich wie ein kleines Mädchen anzieht? Es gibt nichts Dümmeres, nichts, was einen älter machen könnte. Man bringt alles durcheinander. Die Mode ist zuweilen dumm; das vergißt man. Man vergißt es auch, wenn sie nicht hübsch ist. Ich würde die Couturiers gern fragen: Was ist das, die Mode? Erklären Sie mir das. Nicht ein einziger würde etwas Gescheites antworten. Ich weiß auch keine Antwort. Die Mode eines Landes besteht in der Art und Weise, in der man dort lebt, in der man sich in diesem Land anzieht. Man tut alles nur Mögliche, um die Französinnen daran zu hindern, sich so anzuziehen, wie man sich in Frankreich anzieht. Die Couturiers wollen ans Ausland verkaufen, an nichts anderes denken sie, und da sie sich für sehr bedeutend halten ...«

IHRE NEUE WINTERKOLLEKTION sei ein Triumph, und dennoch müsse sie trotz einer Flut von Lobesworten (erwarteten, verachteten, notwendigen und nutzlosen Worten) voller Gereiztheit eine gewisse Reserviertheit gegenüber dem unvermeidlichen Chanelkostüm feststellen. Wer sind diese Journalisten, die mich schlecht machen? Sie, die nichts verlangte, wenn man ihr alles gab, wunderte sich darüber, daß es so wenig war.

Am Vorabend der Premiere ihrer Kollektion hatte sie die Romanschriftstellerin Edmonde Charles-Roux, zur Zeit Chefredakteurin von *Vogue*, in »etwas Abscheulichem« gesehen. Das war ohne weiteres verständlich: im Kleid eines anderen Modehauses.

»Warum ziehst du so etwas an, Edmonde?«

»Man hat es mir geschenkt.«

»Ein Grund mehr, es nicht zu tragen.«

Die Boshaftigkeit und das Lächeln verwischten ihr Alter. Sie hatte sehr hübsche Knie, schön rundlich, die sie unablässig mit ihrem schmalen Rock zu bedecken suchte, da sie sie unaufhörlich übereinander schlug, um sie dann unter ihren Händen zu verbergen.

»Wenn ich Modejournalistin wäre, würde ich mich, um an Kollektionen teilzunehmen, mit der größten Sorgfalt anziehen.«

Das Auge, eine von goldenen Pailletten umrandete schwarze Nadel, stellte die Frage: Nicht wahr, wären Sie eine Frau, würden Sie, wenn Sie meine Kollektion besuchten, in Chanel kommen?

Der Kammerdiener brachte Blumen. Von wem ? Sie warf einen Blick auf die Karte und verzog das Gesicht: Avedon, der berühmte amerikanische Fotograf.

»Was für ein Dummkopf !« sagte sie und machte ein Gesicht, bei dem sich ihr Mund verzerrte.

Sie ließ den Strauß in das Nebenzimmer bringen, das sie als Friedhof bezeichnete: »Dort kommen die Blumen der Leute hin, die ich nicht mag.« Dennoch waren einige in ihrem Salon geblieben. »Die anderen, die Blumen der Leute, die ich mag, behalte ich, sogar verwelkt.«

Warum die Ungnade des Friedhofs für Avedon? Er sicherte ihr eine Reportage für *Harper's Bazaar* mit einem Text von Truman Capote, wobei er erlesene Modelle, die von Audrey Hepburn getragen wurden, fotografierte. Für Amerika blieb die Pariser Mode ein Ereignis. Die Zeitschriften rissen sich um begabte Leute, die darüber berichteten. Dafür nun einen Truman Capote mobilisieren! Ich dachte: Die haben aber Geld. Coco ließ die Brieftasche des Schriftstellers kalt, aber die Schauspielerin war es, die sie ärgerte. Konnte sie es hinnehmen, daß Audrey Hepburn, die in der Stadt von Givenchy gekleidet herumlief, etwas von Chanel vorführte?

»Warum hat man dazu eine Ausländerin gebeten?« meinte sie murrend. »Gibt es denn in Frankreich keine hübschen Mädchen?«

Meine Augen waren noch von den für den Winter kreierten Wunderdingen erfüllt: Kostüme aus Tweedstoffen, die so leicht waren wie Eiderdaunen, atemberaubende, traumhaft schöne Abendkleider, schwarzer Samt, Spitzen. Auf jedes Modell zehn beglückende Zugaben.
Cocos Kleider, so äußerte der Drehbuchautor François Reichenbach, sind die Musik der »Großen«. Man findet immer das, was man erwartet, und darüber hinaus eine Überraschung: *Marie-Claire* veröffentlichte zweimal jährlich die Vorschriften der Couturiers und analysierte sie mit einer Gewissenhaftigkeit, die aus der heutigen Entfernung sehr rührend wirkt: runde Kragen, breite Schultern, hochangesetzte Taille, hervorgehobener Busen, Röcke bis zum Knie, gerade Mäntel, schräge Kleider und was weiß ich noch, was alles. Das alles rieselte von den Lippen unserer Damen herab, und man mußte sich unter der Strafandrohung, sonst als altmodisch angesehen zu werden – welches Unglück, welche Schande für eine Frau! –, ihr unterwerfen. Die Eleganz hing von einem Saum ab. Aber schon im Jahr 1959 stellte es sich nach vier Jahren Chanel heraus, daß dies alles keinen Sinn mehr hatte, weil der Stil Chanel diese Mode umgebracht hatte.
Wer aber wußte das ?
Die in erster Linie keine Ahnung davon hatten, waren die Couturiers, die sie zu kreieren glaubten.
Mademoiselle Chanel gab vor, sie zu verachten. Dennoch war diese gebieterische Herrscherin, die ihrer selbst so sicher zu sein schien, die Unruhe selber. Sie sollte ihr Leben damit verbringen, auf dem Seil zu zittern, das sie über den von ihr selber geschaffenen Abgrund gespannt hatte. Je länger ich sie kannte, um so mehr wünschte ich mir, sie bes-

ser kennenzulernen. Bei jedem Besuch erschien sie mir pathetischer, häufig sogar bemitleidenswert, von einem Geheimnis vergiftet, von dem sie nichts mehr wußte. Sie sagte: »Ich habe keine Zeit zum Leben gehabt. Das hat niemand begriffen. Ich weiß nicht einmal, ob ich sehr glücklich gewesen bin. Ich habe viel geweint, mehr, als die Menschen im allgemeinen weinen. Inmitten großer Liebschaften bin ich sehr unglücklich gewesen.«

Es folgte dieser bewunderungswürdige Satz, bei dem man kaum die Zeit fand, ihn aus den anderen herauszuhören: »Auch die großen Liebschaften muß man ertragen.«

Sie gewöhnte sich an mich. Sie sprach mir gegenüber sehr ungezwungen: »Ich erinnere mich nur, in einem Leben, das nach außen so glänzend schien, unglücklich gewesen zu sein«, vertraute sie mir beim dritten oder vierten Mal, als ich sie sah, an. »Ich habe stets unter Zeitdruck gelebt«, erklärte sie, »zunächst einmal, weil ich das Haus Chanel niemals habe verlassen wollen, das einzige, was mir gehörte und woran niemand sonst beteiligt war, der einzige Ort, an dem ich mich wahrhaft glücklich fühlte. Dort hat man mich niemals geärgert. Alles, was ich anfaßte, wurde ein Erfolg. Ich brauchte nur danach zu fragen, wenn ich Geld brauchte. Ich sah immer nur Lächeln. Niemand hätte es gewagt, mir Unannehmlichkeiten zu bereiten.«

Man vergaß ihr Alter. Man ließ sich von ihren Augen einfangen, es waren die einer anspruchsvollen Bettlerin. Fast auf ein Kilo genau wog sie ebensoviel wie mit zwanzig Jahren. Warum stiftete sie bezüglich ihres Alters Verwirrung? Bei unserer ersten Begegnung sprach sie mir von einem jungen Amerikaner, der sie soeben besucht hatte. Sie beschrieb ihn mir: enge Hosen, lange Beine, eine geradegeschnittene Jacke mit drei geschlossenen Knöpfen. Als man ihn ihr anmeldete, fielen bei seinem Namen Coco vernachlässigte Freunde ein – »langweilige Leute, aber immerhin, in den Vereinigten Staaten, war ich nicht böse, ihnen zu begegnen«. Wie einsam sie doch war mit ihren kleinen Gewissensbissen!

ICH SUCHTE sie nun häufig auf, gewöhnte mich an ihr Make-up, ihre Stimme und hörte ihr aufmerksamer zu. Eines Abends traf ich sie auf ihrem Diwan schlafend an, den Hut über die Augen gesenkt, den Rock über die Knie gezogen, die Hände auf dem Magen gefaltet und einen Daumen durch eins ihrer Kolliers gezogen. Sie trug nun Tweed und keine Schantungseide mehr. Es waren Monate verstrichen, es war Winter, Februar, nach einer anderen Kollektion. Ich hatte sie bereits beglückwünscht. Ich kam zurück, um mit ihr zu Abend zu essen. Ich vernahm gedämpfte Musik – Wagner. Ich war eingetreten, überzeugt davon, daß sie mich nicht hatte anklopfen hören. Sie schlief. Man konnte also doch auf ihrem Paradediwan schlafen. Überall standen Gläser, ein Geruch nach abgestandenem Champagner und Zigarettenstummel in den Aschenbechern. Man hatte nichts abgeräumt, um sie nicht zu wecken. Bevor ich mich hatte zurückziehen können, schlug sie die Augen auf.
»Bleiben Sie.« Sie hatte sich aufgerichtet, hob ihre Beine auf den Diwan und zog dabei an ihrem Rock. »So«, murmelte sie, »die Berühmtheit, das ist sie: die Einsamkeit.«
Jeden Abend taumelte sie, wenn die Zeit des Schlafens nahte, auf einen Abgrund zu, vielleicht weil sie in Schlaf sank, wie man wahrscheinlich im Tod untergeht. Alle, die mit ihr aßen, kannten die Szene: »Es ist schon spät, Mademoiselle.

Sollten Sie nicht liebe ...« Sie hörte es gar nicht. Schließlich stand man auf. Sie bemerkte es nicht. Sie sprach weiter und zupfte dabei den Rocksaum auf ihren rundlichen Knien zurecht. »Man müßte jetzt ... Glauben Sie nicht, Mademoiselle ...« Sie sprudelte ihren Bericht oder ihre vertrauliche Mitteilung oder ihre Klage oder ihre Beschuldigungen hervor. »Nun gut«, erklärte sie schließlich seufzend, »es ist Zeit zum Schlafen. Morgen wartet die Arbeit.«

Sie erhob sich. Sie zog ihr Halstuch zurecht, rückte an ihrem Hut und setzte sich wieder hin. Sie nahm ihre Handtasche, öffnete sie, tat ein paar Dinge hinein, holte sie wieder hervor und betrachtete Tabletten, ihre Brillen, drei Paar, eine zum Lesen, eine, um in die Ferne zu sehen, und die dritte für das Kino, ihre Zigarettenspitze, ganz neue, viermal gefaltete Zehnfrancscheine für ihre Trinkgelder, einige Briefe, die sie im Laufe des Tages erhalten hatte und die sie entfaltete, um sie zu lesen, sie dann wieder zusammenzulegen und sie in ihre Umschläge zurückzustecken. Schritt um Schritt drängte man sie zur Tür. War schlechtes Wetter, erwartete sie ihr Regenmantel auf einem Sessel in der Diele. Man stieg mit zahlreichen Aufenthalten die Treppe hinunter, wobei sie ständig ihren Monolog fortsetzte, und dann stand man in der Rue Cambon. Der kurze Weg bis zum Hotel Ritz mit Unterbrechungen vor dem endgültigen Stehenbleiben vor der Drehtür des Hotels, wo sie die Nacht zu verbringen entschlossen schien, ohne noch das geringste Zeichen von Müdigkeit zu verraten, während man sich selber die Beine in den Leib stand. Es wurde einem unmöglich, ihr noch weiter zu folgen, ihr zuzuhören und zu behalten, was sie einem erzählte. Völlig erschöpft verabschiedete man sich von ihr.

In meinen Notizen mit dem Datum des 9. Februar 1960 finde ich jene Äußerung mir gegenüber wieder, die sie vor der Drehtür des Ritz von sich gab: »Das Eis zwischen uns ist gebrochen. Sie werden wiederkommen. Sie werden mir Fragen stellen, und ich werde darüber nachdenken. Ich habe mir Notizen gemacht und werde sie wieder durchlesen.« Den ganzen Abend hindurch hatte sie sich dem Tonband anvertraut. Ich bat sie, mir ihr Leben zu erzählen. Aber sie machte einen Rückzieher: »Wenn es etwas gibt, das niemanden interessiert, so ist es das ganze Leben eines Menschen. Würde ich ein Buch über mein Leben schreiben, dann müßte ich mit morgen beginnen. Nicht sofort würde ich von dem erzählen, was ich früher durchlebt habe, meine Kindheit, meine Jugend. Zunächst muß man sein Urteil über die Epoche, in der man lebt, abgeben. Das ist logischer, das ist neuartiger und amüsanter.« Ihrem Leben gegenübergestellt, erinnerte sie mich an ein Kätzchen vor einem Wollknäuel, das an dem Faden zieht, das Knäuel beginnt zu rollen, das Kätzchen entflieht erschreckt, entfernt sich, beobachtet, kehrt beruhigt zurück, streckt eine Pfote vor und zieht nochmals.

»Ich rede in Maximen«, erklärte sie, «ich habe sie zu Hunderten niedergeschrieben.« Ein amerikanischer Verleger drängte sie, ihm ein Buch mit Ratschlägen für die Frauen zu schreiben. Ich protestierte: »Sie haben Wichtigeres zu tun.« »Doch, doch, ich werde dieses Buch mit Ratschlägen schreiben, danach wird man weitersehen.« Und sie fügte hinzu: »Ich möchte etwas hinterlassen.« Der amerikanische Verleger bot ihr einen hohen Vorschuß an. »Ich brauche kein Geld«, erklärte sie. »Ich hinterlasse schon so genug. Ich kann ja nicht einmal das ausgeben, was ich verdiene.« Sie aß ein hartes Ei und schnipselte mit ihrem Messer an dem Eiweiß herum, obwohl die Schale bereits entfernt war. Mir servierte man gebratenes Huhn: »Nehmen Sie das Bein? Als ich klein war, habe ich immer das untere Stück davon bekommen, weil ich die anderen Stücke den Erwachsenen lassen mußte. Heute will ich es nicht mehr haben.«

Sie las einige ihrer Lebensregeln vor, die sie, wie sie es präzisierte, bei Maggie van Zuylen in New York niedergeschrieben hatte. Sie hatte ihren Sonntag damit verbracht, sie »unter einem Haufen anderer« auszuwählen. Ich hatte dieser Lektüre nicht genügend Aufmerksamkeit geschenkt, weil ich den Lebensregeln Coco Chanels weniger Bedeutung beimaß als ihren Erinnerungen. Da irrte ich, weniger bezüglich der Lebensregeln als in bezug auf sie. Sie wollte mir beibringen, in welchem Ton von ihr zu sprechen sich gehörte. Es lief auf die Musik hinaus, die sie sich wünschte, auf die große Oper, die sie, wie sie es sich erträumte, hinterlassen wollte. Ich habe es begriffen, als das Tonband die Szene wiedergab, die sich in meiner Erinnerung verwischt hatte, jedoch mir sogleich klar vor Augen stand, sogar mit einer Genauigkeit, durch die, allzu spät, die Bedeutung dessen, was Coco damals an Wesentlichem über sich selber der Nachwelt übergab, unterstrichen wurde.

> Jede Überlegenheit wirkt im Grunde isolierend. Sie zwingt dazu, seine Freundschaften und Bekanntschaften auszuwählen.

Warum? Man hätte ihr diese Frage stellen können, ihr, die gesagt hatte: Ich esse lieber mit einem Clochard zu Mittag, der mich amüsiert, als mit reichen Leuten, die mich langweilen. Im übrigen scheint es mir, daß ich sie den Kopf nach Verlesen dieses Gedankens heben sehe, während ich sie (dank dem Tonband) die folgende Bemerkung machen höre: »Ich muß mich damals, als ich dies niederschrieb, in Amerika sehr gelangweilt haben.« Sie las noch weiter:

> Die größte Schmeichelei eines Wesens für ein anderes liegt in der Wollust und nur in der Wollust, denn die Vernunft ist nicht daran beteiligt, und es kann sich auch nicht um ein Verdienst handeln, und das Ganze gilt auch nicht dem Wert des anderen, sondern dem Wesen selber.

»Nicht schlecht«, bemerkte sie, »von Zeit zu Zeit schreibe ich Sachen, die mich selber überraschen.« Ich fand sie in ihrem Repertoire mit knallender Peitsche, wenn sie instinktiv ihre Wahrheiten über die Hürden hetzte, ohne sich darum zu kümmern, ihnen eine Form zu verleihen, überzeugender: Man gewöhnt sich an die Häßlichkeit, niemals an die Nachlässigkeit. Bei einer Frau bedeutet Nachlässigkeit, weder parfümiert noch sauber zu sein. Ich liebe sehr die Parfüms. Ich liebe die gepflegten parfümierten Frauen. Es ist abscheulich, wenn sie nach Nachlässigkeit riechen. Und gehörte es sich dennoch nicht, dieses literarische Bemühen zu bewundern, das sie sich aus Selbstachtung auferlegte?

> In der Gesellschaft ist ein Heiliger ebenso wenig nützlich wie in der Wüste. Wenn die Heiligen, die in der Wüste leben, unnütz sind, so sind diejenigen, die in der Gesellschaft leben, häufig gefährlich.
> Die Furcht vor Gott hindert diejenigen am Sündigen, die es sich nicht allzusehr wünschen oder die nicht imstande dazu sind.

Die Schätze der göttlichen Barmherzigkeit beruhigen sogar die Verbrecher, die allen Anlaß zu der Hoffnng haben, an ihnen ebenso wie die anderen beteiligt zu werden.

Nachdem sie uns diese drei Maximen vorgelesen hatte, fragte sie uns: »Woran habe ich gedacht, als ich dies schrieb?« Ohne uns die Zeit zu lassen, ihr Erklärungen zu nennen, fuhr sie fort, zunächst mit dem, was sie durch ein Lachen unterstrich:

Meine Freunde, es gibt keine Freunde.

Und dann dies als Finale:

Da man alles im Kopf hat, darf man ihn nicht verlieren.

»So«, sagte sie, »das habe ich auf die letzte Seite meines Heftchens geschrieben. Bestimmt war ich mit jemandem zusammen, der mich langweilte. Ich tat so, als machte ich mir Notizen.« Unsere zustimmenden Worte, unsere Komplimente vermochten sie nicht zu beruhigen: »Ich habe meinen Sonntag damit verbracht, Papierkram zu zerreißen, ich habe mir mit dieser kleinen Arbeit, die alle Welt für unnütz halten wird, entsetzliche Mühe gegeben.«
Dieser Vorwurf war auf mich gezielt. Alle Welt, das war ich, das begreife ich nun mit einer Verspätung von zehn Jahren, ich, der ich es ihr zur Aufgabe gemacht hatte, ihre Lebensgeschichte zu erzählen. Nicht unbedingt mir. Ich kannte sie bereits zur Genüge, um die Schwierigkeiten einer solchen Aufgabe zu ermessen. Sie hatte es schon versucht, sie hatte bereits mit Louise de Vilmorin, mit Gaston Bonheur, Georges Kessel, Michel Déon und mit vielen

anderen angefangen. Sie schonte keinen, als sie davon sprach, und es fiel mir nicht schwer, auch das zu hören, indem ich mich in diese Lage versetzte, was sie nach dem Zusammenbruch eines erneuten Versuchs einer literarischen Zusammenarbeit von mir sagen würde. Im übrigen sollte ich noch begreifen, daß es mehr als nur einer unerschöpflichen Geduld bedurfte, um, gemeinsam mit Coco, von Coco zu erzählen.

Worin besteht die Wahrheit eines Lebens? In der Geburtsurkunde? In Daten? In den Tauf- und Impfscheinen? Sie sagte: »Die Menschen, um die sich eine Legende rankt, sind auch selber diese Legende.«

Darum gab sie sich eine solche Mühe mit der Bildung eines Mythos Chanel, und wenn sie dabei ein Maximum an Verwirrung erzeugte: Ich bin nicht mehr jene, die ich war. Ich bleibe die, zu der ich geworden bin. Warum auch nicht? Das ist eine ergreifende Willensäußerung, die man im übrigen für andere zuläßt, für Persönlichkeiten, denen man automatisch eine gewisse Konvention zuerkennt – Wissenschaftlern, Marschällen und Politikern. Chanel, Kreation Chanel, das ist sie einzig und allein, aus sich selber geboren, mit ihren eigenen Händen aus ihrem eigenen Lehm geformt. Chanel, nichts weiter, auf jeden Fall nichts weniger.

ZIEHST DU DEIN CHANEL AN? Wer sonst hat seinen Namen einem Kostüm gegeben? Sie ist ihrem Stil und ihrer Länge immer treu geblieben. Die Übertreibungen der Mode haben es dazu gebracht, daß das Vernünftige und das Dezente von jetzt an Chanel bedeuteten und es so auch bleiben sollte. Chanel ist ein Synonym für Zurückhaltung, guten Geschmack und Sinn für Maß geworden. Chanel existiert ebenso wie das Klassische: Man macht es à la Chanel. »Wenn sich meine Frau bei Ihnen anzieht, bin ich beruhigt«, hat eines Abends anläßlich eines Essens im Elysée-Palast Präsident Pompidou Mademoiselle Chanel anvertraut.

Sie ist mit der Gewißheit aus der Welt geschieden, zu einem Moralgesetz geworden zu sein, das hat man ihr in der Kirche La Madeleine, ihrem letzten Aufenthalt in Paris, mit Weihrauch und Weihwasser bestätigt.

Was das übrige angeht, ihr Leben … Als Hervé Mille um das Jahr 1935 herum ihre Bekanntschaft machte und ihr ohne Umschweife von *Marie-Claire* sprach, die mit einer Auflage von fast einer Million Exemplaren einen atemberaubenden Aufschwung nahm, erklärte sie ihm: »Die Kundinnen von Chanel lesen sehr luxuriöse Zeitschriften, *Vogue*, *Harper's Bazaar*. Diese Zeitschriften bringen unsere Werbung. Die populären Zeitschriften mit großer Auflage sind besser. Sie bilden unsere Legende. Wenn meine Kundinnen bei mir eintreten, möchten sie gern die Schwelle eines Ortes der Verzauberung überschreiten, vielleicht empfinden sie dabei eine ein wenig vulgäre Befriedigung, die sie aber entzückt: eine Privilegierte zu sein, die zu einem Teil dieser Legende wird. Für sie liegt darin ein weit größeres Vergnügen als etwa darin, noch ein Kostüm zu bestellen.«

Gabriele Venzky

Mutter Teresa

Schon zu Lebzeiten war sie von der Aura einer Heiligen umgeben: Mutter Teresa, die für ihre Arbeit in den Slums von Kalkutta 1979 mit dem Friedensnobelpreis geehrt wurde. Als sie im Herbst 1997 nur wenige Tage nach Lady Diana starb, nahm man die Nachricht ihres Todes in dem Medienrummel um die Prinzessin kaum wahr. Dabei hätte sie doch so viel mehr Anrecht auf das Prädikat Mythos!
Gabriele Venzky erinnerte in den folgenden Zeilen an Leben und Wirken der Mutter aller Religionen.

DIE WELT TUT SICH SCHWER mit ihren Heiligen. Zweieinhalb Milliarden Fernsehzuschauer und Zeitungsleser, also fast die Hälfte der Menschheit, sind so sehr im Bann der Trauer um Prinzessin Diana, die letzte Kultfigur des 20. Jahrhunderts, daß der Tod der Frau, die unserer Vorstellung von einer Heiligen am nächsten kommen müßte, kaum wahrgenommen wird. Im fernen Kalkutta haben sie Mutter Teresa aufgebahrt, in einer kargen, etwas heruntergekommenen Kirche. Nichts glänzt und glitzert in dem Zug der Trauernden, die zu Tausenden, vom Monsunregen durchweicht, an ihrem Sarg vorbeiziehen: zerlumpte Straßenkinder, die sich unsicher an den Händen halten, Lepröse mit zerfressenem Gesicht, Krüppel an Krücken, Frauen in billigen Saris, Männer in zerschlissenen Dhotis, Kleinbürger in abgetragenem Sonntagsstaat – Mutter Teresas Klientel. Manche sind Christen, einige Muslims, die allermeisten aber sind Hindus. »Sie war eben für die Armen wie Gott«, sagt einer.

Mutter Teresa gehörte allen Religionen. Das war das Indische an ihr. Und deshalb waren die Schlagzeilen der indischen Zeitungen nicht für Lady Diana, sondern für sie reserviert. »Mutter ist tot« stand da. Mutter, einfach so, kein Name, kein Zusatz, und doch wußte jeder, wer gemeint war. Denn schon lange bevor die westlichen Medien sie entdeckten und zum religiösen Superstar machten, war Teresa für ihre Wahlheimat schlicht: Mutter. Mutter Ganges, Mutter Indien – diese Bedeutungen schwingen mit. Inniger geht es für Inder nicht: Mythos – Identifikation – Realität. Weil nur im Alptraum von Kalkutta Menschen zu wirklichen Heiligen werden können.

Auf indische Art, in einer zerbeulten Ambulanz, mit der sonst die Missionarinnen der Nächstenliebe die von stinkenden Müllhaufen geklaubten Sterbenden transportieren, hatten die Schwestern ihre am Freitag voriger Woche gestorbene Ordensgründerin nach St. Joseph gebracht – dorthin, wo vor fast siebzig Jahren das indische Leben der Mutter Teresa begonnen hatte. Und in diese Kirche pilgern seitdem ihre Menschen, bis sie am Samstag ein Staatsbegräbnis bekommt, ein Privileg, das bisher Präsidenten und Premierministern vorbehalten war. Selbst die Kommunisten und die rechtsextremen Hindus haben nichts dagegen. 1979 hatte Mutter Teresa den Friedensnobelpreis an-

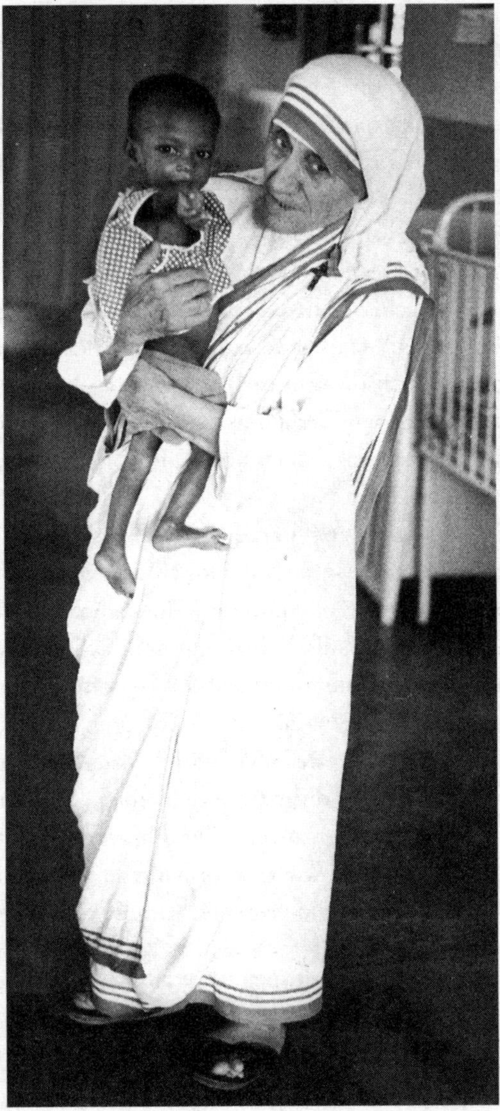

Mutter Teresa; Foto: Le Diascorn

genommen – »im Namen der Hungrigen, Kranken, Unerwünschten und Unversorgten«. Auch unter den mißtrauischsten Hindus sprach sich herum, daß die Elenden nicht deshalb aufgesammelt wurden, weil aus ihnen Christen gemacht werden sollten, sondern daß Mutter Teresa und ihre Schwestern anderes bewegte: Mitleid, Barmherzigkeit und ein tiefes Gespür für die Würde des Menschen. Ein Gebot wie das christliche »Liebe deinen Nächsten wie dich selbst« gibt es in keiner anderen Religion. Unter Hindus, wo jeder für sich selbst verantwortlich ist und durch gutes oder schlechtes Tun den Verlauf seines nächsten Lebens bestimmt, macht dieses Gebot auf die Benachteiligten einen tiefen Eindruck.

Die winzige, tiefgebeugte Frau im weißen Sari mit schmalen Streifen – dem Gewand der Unberührbaren – war die meistphotographierte Nonne der Welt. Als Achtzehnjährige war die Tochter albanischer Eltern 1928 aus Skopje nach Indien gekommen und hatte als Missionsschwester des irischen Loreto-Ordens zunächst die Töchter reicher Inder unterrichtet. Aber war das wirklich ihre Aufgabe? Sie zweifelte. Und dann sandte ihr Gott 1946 einen ›zweiten Ruf‹, wie sie gerne erzählte. Sie gründete ihren eigenen Orden und ging in die Slums von Kalkutta, um jene zu versorgen, um die sich keiner kümmerte: die Ärmsten der Armen, die Unerwünschten.

»Gegen Krankheiten gibt es Medizin. Doch wer unerwünscht ist, kann nur durch Liebe geheilt werden«, pflegte sie zu sagen. Und: »In den zerstörten Körpern der unheilbar Kranken, in den verzweifelten Schreien der weggeworfenen Neugeborenen erkennen wir Christus. In ihnen berühren wir Ihn.« Ihr unerschütterlicher, schlichter Glaube machte Mutter Teresa so erfolgreich. Es war unmöglich, sich ihrer Ausstrahlung zu entziehen. Wahrscheinlich, weil sie so gar nicht in höhere Sphären abgehoben war, sondern sehr irdisch handfest und praktisch, besonders dann, wenn sie hemmungslos für ihre Armen schnorrte.

Zweifel an der Richtigkeit ihres Tuns hat es in ihrem Leben nie gegeben, mit stahlharter Entschlossenheit erfüllte Mutter Teresa »Gottes Willen«. Und wer es wagte, Bedenken anzumelden, der wurde aus angriffslustigen schwarzen Augen angefunkelt und bekam Sätze wie diesen zu hören: »Glaube ist eine Gabe Gottes. Glaube führt zu Liebe und Liebe zum Dienst am Nächsten und der Dienst am Nächsten zum Frieden. Das ist die logische Folge.« Sie war fest davon überzeugt, daß der Glaube die Welt erlösen könne. Ihre Einfachheit, ihr Charisma, aber vor allem die dienende Demut, mit der sie den Armen half, haben sie weltweit zu einer Leitfigur gemacht. Seit langem steht bei Umfragen unter Jugendlichen zwischen fünfzehn und zwanzig Jahren Mutter Teresa als Vorbild auf Platz eins.

Was hätte diese Frau bewirken können, wenn sie, statt sich auf Nächstenliebe zu beschränken, Gerechtigkeit gefordert hätte! Wenn sie, statt die Symptome des Elends mit Barmherzigkeit zu bekämpfen, nach den Ursachen für das Elend in der Welt gefragt hätte, kurz: wenn sie politischer gewesen wäre. Sie, das Vorbild für Millionen, sie, die Zugang zu allen Mächtigen auf der Welt hatte, als Propagandistin neuer Ansätze, als Advokatin für Geburtenkontrolle angesichts der Bevölkerungsexplosion, als Friedenskämpferin – welchen verändernden, gestaltenden Impuls hätte sie nicht zuletzt der katholischen Kirche auf ihrem schwierigen Weg ins 21. Jahrhundert geben können.

Doch dieser Schritt ins Politische paßte nicht zu dem konservativ-dogmatischen Katholizismus, den sie mit dem Papst Johannes Paul II. teilte. »Ich mische mich nicht in die Politik ein, weil dies das Ende meiner Liebe bedeuten würde«, versuchte sie zu erklären. »Gott sorgt schon für alles.« Leidenschaftlich wandte sie sich gegen Abtreibung und Empfängnisverhütung und sammelte unbeirrt Kinder aus der Gosse, denn: »Jedes Kind ist das Abbild Gottes.« Eine Zukunft konnte auch sie ihnen nicht bieten.
Für die Mächtigen und Reichen dieser Welt war Mutter Teresa eine bequeme Heilige, weil sie nicht Revolution, sondern Caritas auf ihre Fahnen geschrieben hatte. Für ihre Sache konnte man spenden und damit das eigene schlechte Gewissen so schön beschwichtigen. Dennoch war sie für Hunderttausende in dieser geistig und materiell verarmten Welt ein Ansporn, ihrem Beispiel der *compassion*, des Mitleidens und der Barmherzigkeit, zu folgen. Fast eine halbe Million Menschen arbeiten als Freiwillige bei ihr, als einziger Orden haben die Missionarinnen der Nächstenliebe keine Nachwuchssorgen. Vor allem Töchter der indischen Oberschicht drängen sich, ein Leben zu führen, in dem es nur ein Ja oder Nein und keine Nachfrage gibt. Selbst Lady Di hat bei Mutter Teresa gelernt, wie man einen Aids-Kranken voller Wärme in den Arm nimmt. Im Vatikan häufen sich die Bittschreiben, Mutter Teresa so schnell wie möglich heiligzusprechen.

Alice Schwarzer

Marion Gräfin Dönhoff

»Man braucht ja nur Karl May zu lesen, um zu wissen, was der Häuptling tut.« So sprach sie als Kind zu sich selbst und handelte fortan ein Leben lang danach. Heute ist die einst »rote Gräfin« Marion Dönhoff nicht nur Herausgeberin der *Zeit* und eine der ganz wenigen Persönlichkeiten im bundesdeutschen Medieneinheitsbrei, sondern schon zu Lebzeiten ein halbes Denkmal: eine »historische Figur« (Eschenburg), »mein Vorbild« (Augstein), und »die Hoffnung des Aufbruchs der Frauen« (Hamm-Brücher). Die Gräfin selbst schert sich einen Teufel drum, ist so diszipliniert wie springlebendig und bringt es fertig, für Henry Kissinger und Rosa Luxemburg gleichzeitig zu schwärmen.
Alice Schwarzer portraitierte 1987 den »Häuptling«.

ES MUSS 1973 GEWESEN SEIN. Meine Kollegin und ich saßen uns in einem engen Redaktionsbüro gegenüber und sprachen über uns: über uns Journalistinnen. Sie, 20 Jahre älter als ich, Hauptabteilungsleiterin einer öffentlichen Funkanstalt, frauenbewegt weniger aus Überzeugung als aus der bitteren Erfahrung der nicht endenwollenden Erniedrigung eines weiblichen Journalisten. Ich, freie Korrespondentin in Paris, beginnende Feministin und das Gegenteil von etabliert. Aber ganz schnell kamen wir beide auf einen gemeinsamen Namen in unserer Geschichte: Gräfin Dönhoff.

Was wären wir ohne sie? Würden wir überhaupt existieren? Hätten wir in diesem Nachkriegsdeutschland der 50er, 60er Jahre diesen unerhörten Gedanken, Journalistin werden zu wollen, eigentlich wagen können ohne diesen einen Namen, diese eine Frau in den ersten Rängen des Journalismus? Wir hätten nicht. Darin waren wir uns beide einig. Was auch immer uns politisch trennen mochte von Marion Dönhoff: ihren Platz in unserer Geschichte hat sie. Unwiderruflich.

Und was würde die Gräfin dazu sagen, fragten wir uns damals. Sie wäre erstaunt. Befremdet. Ja, vielleicht sogar peinlich berührt. Auch darin waren wir uns einig: Unsere Vorreiterin hat sich vielleicht selbst kaum je eingestanden, »nur« eine Frau zu sein. Und: Genau diese Chuzpe ist vermutlich ihre Stärke.

14 Jahre später sitzt sie vor mir. Und ich stelle fest: Genauso ist es. Von ihrer »Mädchenhaftigkeit« hatte ich schon öfter gehört (immer von Frauen), das Soldatische an ihr jedoch wird schamhaft verschwiegen. Mit einer Mischung von Strenge und Neugierde richtet sie diesen für alle guten Journalisten so charakteristischen, genauen Blick auf mich und die *Emma*-Räume. Innerlich schlage ich die Hacken zusammen. »Nett haben Sie es hier.« – »Danke, Gräfin. Wir haben auch extra für Sie geputzt.«

Eigentlich hätte ich sie lieber in der *Zeit* getroffen. Aber das paßte ihr nicht. Vielleicht hatte sie den Verdacht, daß ich mich ebenso genau umschauen würde wie sie. So sitzen wir

Marion Gräfin Dönhoff
bei einer Buchpräsentation, 1985

jetzt hier, und das ist ja auch nicht schlecht: Das lebende Denkmal des seriösen Journalismus in der noch immer als skandalös geltenden *Emma*-Redaktion.
Ich: *Emma*-Macherin seit zehn Jahren, *Zeit*-Leserin seit einem Vierteljahrhundert. Mit 16 heißen Herzens, mit 26 kühlen Verstandes, später oft frustriert von soviel Papier und sowenig kritischer Information, aber immer mal wieder erfreut über einzelne Artikel und diese aufrechten, uneitlen, meinungsfreudigen Leitartikel der »Gräfin« (wie sie in der *Zeit* genannt wird). Dönhoff-O-Ton zur Volkszählung:

> »Es drängt sich einem dabei die Frage auf, was eigentlich dem einzelnen, sofern er nicht nur Staatsbürger, sondern auch Individuum ist, als Lebensraum noch übrigbleibt… Der moderne Staat als Machtstaat stellt eine ständige Bedrohung des Menschen dar, und darum ist es die Pflicht des heutigen Bürgers, in vieler Hinsicht als Frondeur zu leben und immer und überall dort Opposition zu machen, wo der Staat das Recht verletzt oder sein Wort nicht hält – auch, wenn es sich nur um Volkszählungen handelt.«

Zugegeben, diese Aufforderung zum Widerstand schrieb sie nicht etwa 1987, sondern 1950. Sieh da, da gab es also schon mal eine Volkszählung. So einen Dönhoff-Kommentar gab es 1987 allerdings nicht. Dennoch: Die zupackende Art hat sie nie ganz verloren. Ihr Kommentar zur Partei-Spenden-Affäre: »Ehre muß man sich was kosten lassen.« Und zur RAF-Hysterie: »Es ist zum Heulen.«
Damals, 1971, erhielt sie für ihre couragierte Ostpolitik (gegen das Geschrei vom »Verrat« und für die Versöhnung

mit Polen) den Friedenspreis des Deutschen Buchhandels. Prompt nahm sie die feierliche Gelegenheit wahr, daran zu erinnern, daß sich der Staat zwar manchmal vor Bürgern schützen müsse, daß es jedoch vor allem gelte, »die Bürger vor dem Staat zu schützen«. – Eine Erkenntnis, für die die Nazi-Geschädigte einen hohen Preis hatte zahlen müssen:
»Es war drei Uhr morgens. Den genauen Tag weiß ich nicht mehr, denn jene Tage waren ein einziges großes Chaos, das sich jeder kalendarischen Ordnung entzog.«
Mit diesen Wort beginnen die Erinnerungen von Marion Gräfin Dönhoff, zum Bestseller geworden in dem Buch *Namen, die keiner mehr nennt.* Und es beginnt ein neuer Lebensabschnitt für die damals 36jährige. Von fanatischen Durchhalte-Nazis vor Ort an der Organisation eines Trecks für alle Bewohner von Gut Friedrichstein gehindert, fand sie sich im Chaos der Flucht vor den Russen plötzlich allein:

> »Seit Tagen war ich in der großen Kolonne der Flüchtlinge, die sich von Ost nach West wälzten, mitgeritten. Hier, in der Stadt Marienburg, nun, war der Strom offenbar umgeleitet worden, jedenfalls befand ich mich plötzlich vollkommen allein vor der großen Brücke. Diese Verlassenheit war fast noch erschreckender als der gespenstische Zug von Schlitten, Pferdewagen, Treckern, Fußgängern und Menschen mit Handwagen, der die ganze Breite der endlosen Chausseen Ostpreußens einnahm und der langsam, aber unaufhaltsam dahinquoll wie Lava ins Tal. Vor mir lag die lange Eisenbahnbrücke über die Nogat. Altmodische hohe Eisenverstrebungen, von einer einzigen im Winde schwankenden Hängelampe schwach erleuchtet und zu grotesken Schatten vezerrt.

> Einen Moment lang parierte ich mein Pferd, und ehe dessen Schritt auf dem klappernden Bretterbelag alle anderen Geräusche übertönte, hörte ich schlurfende Schritte und ein merkwürdig rhythmisches, kurzes Klopfen. Zunächst konnte ich nicht recht ausmachen, um was es sich handelt, aber sehr bald sah ich drei Gestalten in Uniform vor mir, die sich langsam und müde über die Brücke schleppten: Einer ging an Krücken, einer am Stock, der dritte hatte einen großen Verband um den Kopf, und der linke Ärmel seines Mantels hing schlaff herunter. (...) Für mich war dies das Ende Ostpreußens: drei todkranke Soldaten, die sich über die Nogat-Brücke nach Westpreußen hineinschleppten. Und eine Reiterin, deren Vorfahren vor 600 Jahren von Ost nach West in die große Wildnis jenseits dieses Flusses gezogen waren und die nun wieder nach Westen zurückritt – 600 Jahre Geschichte ausgelöscht.

Sie ritt sieben Wochen lang, bis sie bei den Verwandten in Westfalen ankam. Schloß Friedrichstein ging in dieser Zeit in Flammen auf. Seine – und ihre – Geschichte konnte das Feuer nicht auslöschen. Auf ein Pferd stieg sie danach nie mehr. Aus innerer Disziplin: Die schützt vor Nostalgie und Selbstmitleid.

ÜBER DIE PREUSSIN DÖNHOFF ist viel gesagt und geschrieben worden. Die Männer ihrer Familie waren Soldaten und Diplomaten und dienten den Königen, den preußischen oder den polnischen, je nachdem, wer gerade das Sagen hatte im Osten. Die Frauen leisteten, bestenfalls, den Königinnen Gesellschaft. Ihre Eltern hat die kleine

Marion nur wenig erlebt. »Das war früher nicht so.« Der Vater war schon über 60, als sie auf die Welt kam, und die Mutter, die »Palastdame« der Kaiserin war, hatte viele Pflichten. »Erzogen« wurde Marion von dafür angestellten Erziehern und den dafür gar nicht vorgesehenen Leuten des Gutsbetriebes. Gespielt hat sie mit den Cousinen und Cousins derer von Lehndorff ebenso wie mit den Jungen und Mädchen aus dem Dorf. Das heißt: wohl eher mit den Jungen. Mädchen fand Marion »langweilig«.

Weltoffenheit, Bildung und soziales Engagement waren selbstverständlich auf Schloß Friedrichstein. Täglich lag auf dem Tisch in der Diele die internationale Presse, von *Le Temps* bis *Times*. Und war jemand krank im Dorf, hatten die Schloßkinder Essen und Medizin hinzutragen. Marion Dönhoff: »Es gab also einerseits die Hierarchie, und andererseits die totale Gleichheit.«

Vor allem: Es gab die Freiheit! Die Freiheit, durch die Felder zu stromern, durch die Wälder zu reiten, sich früh an die angenehmen Seiten eines Männerlebens zu gewöhnen. Die 20jährige beschließt, Volkswirtschaft zu studieren. Nicht etwa in Berlin, was nahe gelegen hätte, nein, in dem als »links« verschrieenen Frankfurt. Und dann kamen die Nazis:

> »Wir haben in der ersten Woche nach dem 30. Januar 1933 in Frankfurt 90 Dozenten und Professoren verloren, weil die Universität sehr jüdisch, sehr links war. In dieser sich polarisierenden Zeit war für mich ganz klar: Man konnte nur auf der linken Seite stehen, denn dort waren die einzigen, die gegen die Nazis vorgingen.«

1933 sympathisierte die »rote Gräfin« mit den Kommunisten. Sie flüchtete vor den Nazis nach Basel und wollte dort über Marxismus promovieren. Ihr Professor fand das nun doch ein wenig übertrieben, und riet der Gräfin, doch lieber über den Dönhoffschen Besitz ihren Doktor zu machen, genauer: über die Geschichte der Entstehung dieses Besitzes. Marion Dönhoff ging zurück nach Ostpreußen und durchstöberte die Dachböden. In den Familienarchiven lernte sie viel über das Verhältnis von Besitz und Macht. Erkenntnisse, die die zum Idealismus neigende Gräfin später leider nicht immer präsent haben sollte. Und sie lernte einiges über die Frauen ihrer Familie, die sich, Adel hin Adel her, wie das liebe Vieh verschachern und zwangsverheiraten lassen mußten.

Marion ist die Jüngste von sieben Geschwistern. Die Nächstjüngeren sind Brüder, und sind alle im Krieg. 1939 übernahm sie die Leitung der Dönhoffschen Güter. Für sieben Jahre. Sie war dem Kreis der Widerständler des 20. Juli verbunden. Sie war auf das schreckliche Ende gefaßt.

Ihr dramatischer Ritt nach Westen ist längst Legende. Und er ist nicht nur ein tristes Stück deutscher Geschichte, sondern auch ein dreistes Stück weiblichen Husarentums. Wäre ein Mann Held der Story, wäre die spätestens von Wim Wenders als deutsch-deutsches Wildwest-Epos auf Breitwand und in Farbe verewigt worden.

Bei den Verwandten im Westen ist Marion Gräfin Dönhoff nun einer von zwölf Millionen Flüchtlingen, aber nicht irgendeiner. Einmal ausgeruht meldet sich der Häuptling wieder zur Stelle.

Noch im Jahre 1945 schickte die Dönhoff zwei Memoranden an »die Alliierten«. Den Besatzern legt sie darin dar, was gewesen war und was jetzt kommen müßte«. »Die Alliierten« reagieren nicht, aber dafür melden sich aus Hamburg die Gründer der *Zeit*. Die hatten die staatsaufbauenden Reflexionen der Gräfin gelesen und fanden, sie sei die richtige. Marion Dönhoff findet das auch. Sie steigt ein. In der Nr. 5 der *Zeit* vom 21. März 1946 – vier Wochen nach deren Gründung – steht ihr erster Artikel »Totengedenken 1946«.

»Sie war immer das eigentliche Antriebsmoment der *Zeit* – und ist bis heute ihre Seelenachse geblieben«, schreibt 38 Jahre später ihr Zögling Theo Sommer. Und er schwärmt schaudernd weiter: »Bei Marion Dönhoff konnten junge Journalisten Rückgrat lernen. Wir haben auch gestöhnt unter ihrer Redaktionsleitung, gewiß. Ihre Anpfiffe sind preußisch schneidend. Vor 19 Jahren schickte sie mir einmal ein Telegramm nach Harvard, wo ich in Henry Kissingers Sommerseminar saß: »Sie sind zum Auslandskorrespondenten ganz und gar untauglich!« – Der erste Eindruck ist nicht selten der schlechteste. In diesem Fall hat die Gräfin ihn revidiert.

Acht Jahre nach ihrem Eintritt verläßt Marion Dönhoff die *Zeit*. Aus Protest dagegen, daß ein »alter Rechter«, ein gewisser Carl Schmitt, darin schreiben durfte. Sie räumt umgehend ihren Schreibtisch, geht nach London zum *Observer* und kommt erst 1955 wieder, nachdem die *Zeit* in den ausschließlichen Besitz von Bucerius übergegangen ist. Von da an steigert sie als zunächst informelle und dann formelle Chefredakteurin rasant die Auflage und macht aus der Hamburger Wochenzeitschrift auch redaktionell das, was sie in ihren besten Zeiten war.

Marion Dönhoff hat trotz dieses Vorfalls nie versucht, Mit-

besitzerin des Blattes zu werden, obwohl sie doch noch von ihrer Doktorarbeit her wissen müßte, was Mitbesitz mit Mitbestimmung zu tun hat. Sie hat immer auf Moral und Idealismus gesetzt: ihre Stärke und ihre Schwäche zugleich. Sie ist, auch im Rückblick, der Überzeugung, daß die Frage der politischen Moral wichtiger sei als die der Besitzverhältnisse.
Ihre Helden, denen sie in dem Buch *Menschen, die wissen, worum es geht* ein Denkmal setzt, beschreibt sie so:

> »Sie sind ganz echt – sie lassen sich nicht vom Zeitgeist oder von Werbeagenturen stilisieren. Sie machen keine Konzessionen an Publikum, Mode, Karriere. Sie sind ohne Furcht. Sie folgen ihren eigenen Maßstäben und ihrer Intuition. Intuition hat mit Gefühl zu tun, aber auch in der Politik ist Gefühl wichtig – nicht im Sinne von Emotionen, sondern im Sinne von Gewißheit.«

Eine Charakterisierung, die nahtlos auf sie paßt, nur einen kleinen Unterschied gibt es da: Sie ist eine Frau. Ihre 17 Helden sind Männer, ausnahmslos.

Thomas Ross

Indira Ghandi

Indira Gandhi war nicht nur die Tochter eines großen Vaters. Bereits als junges Mädchen entwickelte sie ein eigenes und sehr eigenwilliges Profil. Seit sie 1966 zum ersten Mal Ministerpräsident wurde, beherrschte sie für lange Zeit die politische Szene Indiens. Selbst als sie 1977 das hohe Amt für zwei Jahre und neun Monate verlor, blieb sie im Brennpunkt der Politik als eine Frau, die sich biegt, aber nicht bricht.
Thomas Ross verfaßte den Nachruf auf sie, nachdem sie im Oktober 1984 von ihren beiden Leibwächtern ermordet worden war.

NICHTS ZEIGT die einzigartige Bedeutung und Unersetzlichkeit Indira Gandhis für Indien so eindrücklich wie ihr Tod. Sie war wahrhaftig die große Mutter des Landes. Religiöser Fanatismus hat sie ermordet, so wie es religiöser Fanatismus war, der Indiens Gründervater, Mahatma Gandhi, ermordet hat, dessen Namen sie zufällig durch Heirat trägt. Man kann nur mit Bangen in die Zukunft blicken. Wer ist in Sicht, der die widerstrebenden Kräfte und Spannungen dieses riesigen, zugleich widersprüchlichsten Landes der Erde zusammenhalten kann? Welch ein schreckliches Paradoxon, daß in einem Land das sich zu Recht seiner religiösen Duldsamkeit rühmt und diese gern der Unduldsamkeit der drei Offenbarungsreligionen entgegensetzt, zwei seiner drei nationalen Führer, die seine moderne Geschichte geprägt haben, dem Fanatismus und der Unduldsamkeit zum Opfer fielen.

Indira Gandhi wurde zuweilen die Kaiserin Indiens genannt; sie hatte die imperiale Statur, den Stolz, den Stil. Die Familie Nehru regierte Indien, von zwei Intervallen unterbrochen, seit der Unabhängigkeit 1947. Historisch gesehen stellte sie eine einheimische Fortsetzung des britischen Raj dar. Zu ihren und ihres Vaters, Pandit Nehrus, Besonderheiten gehörte auch dies: eine Symbiose zwischen den Traditionen der indischen und der britischen Oberschicht. Als Kaschmir-Brahmane zählen die Nehrus zur obersten Kaste – vornehmer, edler als jeder Fürst und Maharadscha. Indira Gandhis Erziehung war die einer Tochter des britischen Adels. Muttersprachen hatte sie zwei, Englisch ebenso gut wie Hindi. Nur in Indien ist diese Symbiose gediehen, und zwar gediehen, ohne die Persönlichkeit zu spalten, ohne den Patriotismus und den Nationalstolz zu verletzen.

Indira Gandhi war Indiens einziger Politiker, der mit Recht sagen konnte, er sei ein nationaler Führer. Ob ihr Sohn Rajiv ein solcher werden kann, muß sich erst zeigen. Wenige trauen es ihm zu. Aber als Indira Gandhi 1966 nach dem plötzlichen Herztod des kleinen, unendlich volkstümlichen Ministerpräsidenten Lal Bahadur Shastri von den zerstrittenen Größen der Kongreßpartei in seine Nachfolge gehoben wurde, geschah es, weil man sie für schwach, naiv, leicht manipulierbar hielt, eine Marionette, die man an den Fäden zu ziehen können glaubte.

Indira Ghandi; Foto: R. Rai

In der Tat waren ihre ersten Schritte unsicher, sie beging Fehler, sie wirkte schüchtern, bei allem Hochmut, der den Nehrus eigen ist. Bald jedoch erwies sich, wie sehr sich die Parteifürsten in ihr getäuscht hatten. Aus dem Kätzchen wurde sozusagen im Nu ein Tiger. In einer Reihe taktisch geschickter, ja geradezu brillanter Schachzüge spielte sie die Parteifürsten an die Wand und wurde unbestrittene, unumschränkte Chefin des Kongresses. Fortan duldete sie keinen Rivalen, keinen Ebenbürtigen an ihrer Seite. Mehrmals hat sie im Lauf der Jahre die Kongreßpartei gespalten, weil sie nicht bereit war, auch nur einen Zipfel der Macht zu teilen. Als Nachfolger kam wiederum nur ein Nehru in Frage, ihre Wahl fiel auf den jüngeren ihrer beiden Söhne, Sanjay. Nach dessen tödlichem Flugzeugunglück im Juni 1980 begann sie den älteren Sohn Rajiv, der im Gegensatz zu seinem ellbogenstarken Bruder keinerlei politische Neigungen oder Eigenschaften zeigte, Schritt um Schritt aufzubauen.

Indira Gandhi war eine Person voller Widersprüche – wie ihr Land. Sie war tief überzeugt, daß sie und niemand anderer dazu berufen war, Indien zu regieren. Und dennoch war es keine Heuchelei, wenn sie in Gesprächen sagte, sie würde am liebsten in Stille und Zurückgezogenheit in dem von den Nehrus so unendlich geliebten Kaschmir leben und vielleicht ein wenig schreiben. Es war nicht nur ihr Ehrgeiz und ihr Stolz, der sie davon abhielt, sich zurückzuziehen, sondern enormes Pflichtgefühl, das durchaus eine dynastische Note hatte. Eine Verbindung von Patriotismus und Familienberufung.

Charisma im strengen Sinne besaß sie kaum, nicht zu vergleichen mit dem ihres Vaters. Dennoch ging von der Frau eine starke Ausstrahlung aus, die mehr war als das, was Max Weber Gentilcharisma nannte. Wenn sie auf Versammlungen sprach, vor gewaltigen Volksmassen, so vermeinte man ein junges Mädchen zu hören oder eine kleine schutzbedürftige Frau. Eine große Rednerin war sie nicht, wie Pandit Nehru der hinreißen konnte. Doch wird wohl die Geschichte befinden, daß sie an politischer Begabung und politischem Gespür und Instinkt ihrem Vater überlegen war. Auch konnte sie ruchloser sein als ihr Vater.

Indira Gandhis dunkle Periode war die Zeit der »Emergency«, des Notstandes, von Ende Juni 1975 bis zu ihrer Wahlniederlage im Januar im März 1977. Ihre Gegner verglichen sie mit Adolf Hitler, man warf ihr vor, eine bedenkenlose Diktatorin zu sein. Tausende mußten ins Gefängnis, darunter viele hochangesehene Politiker. Aber hätte sie tatsächlich die Diktatur angestrebt, wäre sie nicht das Risiko der Wahlen eingegangen. Gewiß, mit einer Niederlage hatte sie nicht gerechnet; hier hatten sie und ihr Sohn Sanjay, vor allem ihre Berater, sich fürchterlich getäuscht. Die Niederlage ertrug sie mit großer Würde und viel Stil. Dabei war der Sturz von den Höhen der Macht gewaltig. Von einem Tag auf den anderen war sie eine einsame Frau, nur ihre Familie und ein kleiner Kreis von Getreuen leisteten ihr Gesellschaft. Inder und Ausländer, die sie vorher umschwirrt und umdienert hatten, mieden sie fortan, als sei sie vom Aussatz befallen. Ihre Rückkehr an die Macht knapp drei Jahre später, in einem Wahlerfolg sondergleichen im Januar 1980, verdankt sie drei Faktoren: den groben Fehlern und der Selbstzerstörungssucht der regierenden Janata-Partei, ihrer Überzeugung von der Berufung der Dynastie Nehru und der robusten Energie ihres Sohnes

Sanjay, der sie in Zeiten der Mutlosigkeit immer wieder antrieb. Sanjay galt als der böse Bube der »Emergency«-Zeit. Mutter und Sohn wurden einer Reihe von Untaten angeklagt, und es wurden Gerichtsverfahren gegen sie eingeleitet. Sanjay mobilisierte den Mob und war in seinen Mitteln nicht wählerisch. Der Höhepunkt wurde erreicht, als Indira Gandhi im Dezember 1979, nachdem sie eine Nachwahl grandios gewonnen hatte, in einer wilden Parlamentsdebatte verurteilt und in Haft gesetzt wurde. So gewann sie den Märtyrerschein dank der Tolpatschigkeit der Opposition.
Die Parlamentswahlen vom Januar 1980 waren ein überwältigender Erfolg für Mutter und Sohn, wobei schwer zu sagen ist, wer dazu mehr beitrug. Es gab eine Art Arbeitsteilung, Sanjay verrichtete die Schmutzarbeit, Indira Gandhi ließ den Stern der Dynastie strahlen, beide waren in ihrer Energie unerschöpflich. Die Opposition verlor jämmerlich und zerfiel in Parteien, die entweder geographisch oder sozial eng begrenzt waren, ein Scheiterhaufen.
Zu Indira Gandhis herausstechenden Eigenschaften gehörte ihr Brutinstinkt. Dieser Brutinstinkt weitete sich über den Kreis ihrer Söhne und Enkel auf das ganze Land aus, aber gewissermaßen ohne Übergang. Der enge Kreis waren die Menschen ihres Blutes, der weite das indische Volk, Kreise dazwischen gab es nicht. Sie war zutiefst mißtrauisch gegenüber allen Dritten. Freunde und Vertraute im wahren Sinne hatte sie nicht. Ihr Vertrauter, ihre Stütze, ihr Berater war Sanjay bis zu seinem Tod. Dann wurde es Rajiv. Doch hatte man in den Monaten nach dem Wahlsieg den Eindruck, daß Sanjay ihr über den Kopf wachse. Den Eindruck konnte man auch im Laufe der »Emergency« gewinnen. Aber im Fortschreiten des Jahres 1978 nahm er

an Substanz zu. Gelegentlich schien es sogar, als ob sie sich vor ihrem Sohn fürchtete. Viele Politiker wandten sich, wenn sie etwas durchsetzen wollten, gar nicht mehr an die Ministerpräsidentin und Chefin der Kongreßpartei, Indira, sondern sogleich an Sanjay, obwohl er qua Funktion in keiner Weise den zweiten Platz einnahm. Bei einem morgendlichen Kunstflug stürzte Sanjay Gandhi am 23. Juni 1980 ab, in der Mitte Neu-Delhis, unweit der Residenz des Premierministers in der Saftarjung Road.

Indira Gandhi brach nicht zusammen, sie bewahrte Haltung, sie geriet nicht in Panik, im Gegensatz zu einigen ehrenwerten Oppositionspolitikern. Bewunderung mußten ihr auch jene zollen, die sie haßten.

Indira Gandhi genoß das Vertrauen der Armen und der Muslims, die als Minderheit in ihr eine großzügige Beschützerin sahen. Allerdings hat in den letzten Jahren dieses Vertrauen in beiden Wählergruppen nachgelassen. Gegen Pakistan und insonderheit seinen Militärdiktator Zia-ul-Haq hegte sie eine fundamentale Abneigung. Nahezu jeden Aufruhr im Lande, jeden blutigen Zusammenstoß zwischen Muslims und Hindus und vor allem in letzter Zeit den monströs angewachsenen Fanatismus radikaler Sikh schrieb sie »fremden Händen« zu, das heißt Pakistan. Der Höhepunkt ihrer Laufbahn und ihrer Beliebtheit war wohl 1971, als die Inder dem damaligen Ostpakistan zur Befreiung als Staat Bangladesh verhalfen. Doch bald schlug die Dankbarkeit der Bangladeshi in Furcht vor indischem Imperialismus um. Im Grunde ihres Herzens hat wohl Indira Gandhi, gleich ihrem Vater und gleich vielen Angehörigen der Hindu-Oberschicht, die Teilung des Subkontinents nie verwunden und nie verziehen.

Indien mußte nach ihrer Meinung zentralistisch regiert werden. So wie sie in ihrer Umgebung keinen ebenbürtigen oder gar potentiellen Rivalen duldete, so versuchte sie auch in den Bundesstaaten keine eigenständigen Regierungschefs, ob von Kongreßpartei oder Opposition, hochkommen zu lassen. Mit nie ermüdender Energie und einer wahrhaft machiavellistischen Rücksichtslosigkeit der Mittel war sie bemüht, Oppositionsregierungen zu stürzen und unbotmäßige Kongreßsattrappen an die Kandare zu nehmen. Damit hat sie viel Spannungen hervorgerufen, bald in diesem, bald in jenem Bundesstaat, zuletzt in Kaschmir und in Andhra Pradesh. Auch an der Aufsässigkeit der Sikh im Punjab ist die Kongreßpartei letztendlich nicht unschuldig, so war der Anführer der Sikh-Extremisten Bindhranwale, ursprünglich ein Geschöpf von Kongreßpolitikern, mit dem sie die Partei der Sikh, die Akalidal, zu zersetzen suchten. Später wuchs er zum ärgsten Gegner Neu-Delhis im Punjab heran, bis er im Juni bei der Erstürmung des Goldenen Tempels in Amritsar durch die Armee den Tod fand. Jener Befehl zum Sturm war gewiß einer der schwersten und vermutlich folgenreichsten Entscheidungen von Indira Gandhi.

UM INDIRA GHANDIS Bedeutung zu erfassen, muß man sich vorstellen, wie Indien heute aussähe ohne sie. Man kann es nicht. Gewiß, es wäre ein anderes Land. Auch hier welch ein Paradoxon, die Geschichte des zweitgrößten Staates der Erde mit 700 Millionen Einwohnern erhält für zwei Jahrzehnte ihren unverwechselbaren Stempel von einer einzigen Person aufgedrückt, einer kleinen, schmächtigen, fast zerbrechlich aussehenden Frau mit der hohen zarten Stimme eines Mädchens. Zudem ein Männerland durch und durch, darin die Frau eine untergeordnete, oft erniedrigende Rolle einnimmt. Eine Frau, vor der die gewaltigsten Recken vor Angst zitterten wenn sie in kalten Zorn geriet, und die, wenn sie wollte, von bezwingendem weiblichem Charme sein konnte. Sie besaß den Mut, die Selbstdisziplin, die Willenskraft, die Rücksichtslosigkeit gegen sich selbst und, bei allem Hochmut, letztendlich die Bescheidenheit, die Herrscher auszeichnen sollte. Indien wird oft die größte Demokratie der Welt genannt, doch war es unter Indira Gandhi zugleich ein Kaiserreich. Wer immer ihr folgen mag und was immer ihr folgen mag, mit ihrem gewaltsamen Tod geht eine historische Epoche zu Ende.

Elisabeth Hauer

Marguerite Yourcenar

»Auf einen alternden Schriftsteller lauern überall Gefahren … Namenlosigkeit und Einsamkeit sind gefährlich, nicht minder auch die Popularität.« Der Ausspruch stammt von Marguerite Yourcenar, die bereits zu Lebzeiten als Klassikerin der französischen Literatur gehandelt wurde. Als erste Frau wurde sie in das Gremium berufen, deren Mitglieder die Franzosen als die »Unsterblichen« bezeichnen: die Académie française, der geistige Olymp Frankreichs, dem vierzig Persönlichkeiten auf Lebenszeit angehören – unter ihnen seinerzeit auch eine Frau.
Über Leben und Werk der Schriftstellerin schrieb Elisabeth Hauer im Rahmen der Reihe »Autoren über Autoren« in deren Todesjahr 1987.

VOR DER OSTKÜSTE der Vereinigten Staaten, 130 Kilometer von der kanadischen Grenze entfernt, lebt auf Mount Desert Island, das zum Bundesstaat Maine gehört, in einem bescheidenen Holzhaus mit dem hübschen Namen Petite Plaisance eine der bedeutendsten Schriftstellerinnen unserer Tage: Marguerite Yourcenar.
Ein langes, bewegtes, vornehmlich nach eigenem Willen

geformtes Leben liegt hinter ihr. In Flandern wurde sie 1903 als Kind einer alten, adeligen Familie geboren, dort verlebte sie eine Kindheit und Jugend ohne Mutter, an der Seite eines interessanten, aber schwierigen Vaters. Sie studierte in Frankreich, England und der Schweiz, zahlreiche Reisen führten sie zwischen den Kriegen vor allem nach Griechenland, aber auch nach Deutschland, Österreich und Italien. In Capri besaß sie eine Zeitlang ein Haus. Vor dem Ausbruch des Zweiten Weltkriegs zwangen sie finanzielle Gründe nach den USA zu gehen, wo sie am Sarah-Lawrence-College in New York französische Sprache und vergleichende Literaturwissenschaft unterrichtete. Das tat sie, unterbrochen von längeren Aufenthalten in Europa, bis 1953. Im Jahr 1949 fand sie auf Mount Desert Island ein Haus, wie es ihren Wünschen entsprach. Die Memoiren des Hadrian wurden dort schon beendet. Der Welterfolg dieses Buches erlaubte es seiner Autorin, die Lehrtätigkeit aufzugeben, sich ganz auf die Insel zurückzuziehen. Nach ihrer Aussage ist Europa noch immer ihre geistige Heimat, aber ihr Leben in den Vereinigten Staaten sieht sie als ihr persönliches Schicksal an, das wichtige private und berufliche Veränderungen bewirkte. *Sequere deum, suivre le dieu*, dieses Wort nimmt sie für sich in Anspruch, ein Gott hat sie nach Amerika geführt, hier will sie bleiben. In diesem alten Holzhaus mit seinen kleinen Räumen, den Möbeln, die zwei Kriege und viele Reisen überdauerten, ohne Fernsehen, aber mit vielen Büchern und dicken, knisternden Buchenscheiten im Kamin. An einem Ort der Ruhe, den nur die Spanielhündin Zoe mit ihrem Temperament belebt. Matthieu Galey, Verfasser zahlreicher Schriftstellerportraits, hat in seinem aufschlußreichen Buch *Les yeux*

Marguerite Yourcenar am 22. Januar 1981, als sie zum ersten Mal ihren Sitz unter den würdigen Greisen der Académie Française einnahm; Foto: Studio X

ouverts – Mit offenen Augen – das ausführliche, über längere Zeiträume sich erstreckende Interviews mit Marguerite Yourcenar enthält, seine erste Begegnung mit ihr in Petite Plaisance festgehalten.

Den Besucher, der die kleine Veranda betritt, wo von der Decke die Maiskolben hängen und ihren milden, trockenen Geruch verbreiten, überfällt sofort das Gefühl, in einer anderen Welt zu sein. Marguerite Yourcenar kommt ihm entgegen, eine imposante alte Dame mit schlichter Frisur und schlichter Kleidung, ruhig fällt ihr Blick auf ihn, abschätzend noch aber schon beurteilend, sie wirkt höflich und distanziert, mit einem Schuß von Ironie. Dann beginnt sie zu sprechen, überzeugt von dem, woran sie glaubt, aufrichtig bis zur Selbstentäußerung. Sie betrachtet die Welt ohne Schonung, ohne Illusion und die Menschen mit einer Art abstrakter Liebe. Trotz ihres Minerva-Lächelns geht eine eigene Wärme von ihr aus, und man erkennt, daß man den Blicken einer Visionärin ausgesetzt ist, in deren blauen Augen sich unter schweren Lidern die kühle Unschuld des Kindes wiederfindet.

Liest man die Bibliographie der Marguerite Yourcenar, staunt man über die Vielfalt und Unterschiedlichkeit ihres Werkes. Sie ist Verfasserin großer, berühmter Romane und wenig bekannter Theaterstücke, brillante Essayistin und gelehrte Herausgeberin, eine hervorragende Interpretin eigener Arbeiten in ausführlichen Vor- und Nachworten und sie ist eine Übersetzerin von Gnaden. Sie hat die Gedichte des Konstantin Kavafy aus dem Neugriechischen in eine melodische Prosa übersetzt, aus dem Englischen einen Roman der Virginia Woolf und einen solchen von Henry James. Von dort reicht der Bogen bis zu einer Samm-

lung von Negro-Spirituals, die sie in Verse setzte und kommentierte. Der Band *Krone und Lyra* führt den Leser zu den Poeten des antiken Griechenland, von Homer bis Hesiod, von den Orphikern bis hin zum christlichen Byzanz, ein Reigen von 120 Dichtern aus zwölf Jahrhunderten, meisterhaft übersetzt und erläutert.
Von Griechenland und seinen Mythen – ein Stoff, der die Autorin in verschiedensten Abwandlungen immer wieder beschäftigt – handeln auch die Theaterstücke, deren tragische Gestalten eingefügt sind in die Bilder und Träume einer sehr persönlichen Antike. Wie erwähnt, blieb den dramatischen Werken der große Erfolg versagt, selten nur erwecken sie Laienschauspieler oder Schüler zu kurzem Bühnenleben. Die Autorin beteuert, daß dieser Umstand sie nicht kränkt, sie sieht diese Arbeiten als eine für sie wichtige geistige Landschaft an, in der sie sich gern allein weiß.

ALS IHR ERSTER ROMAN entsteht, *Alexis oder Der vergebliche Kampf*, ist Marguerite Yourcenar vierundzwanzig Jahre alt. Alexis war jemand; den sie gekannt und geliebt hat, den sie aber aus der Gegenwart entfernen muß, um ihn richtig zu sehen. Sie stellt daher seine Person in die Zeit vor dem Ausbruch des Ersten Weltkriegs und zwar in kühl gefärbte Landschaften des alten Österreich. Das Problem des Alexis, die gleichgeschlechtliche Liebe, wird mit größter Vorsicht in den sprachlichen Mitteln, aber trotzdem mit uneingeschränkter Freiheit dargestellt. Literarische und gesellschaftspolitische Tendenzen Ende der zwanziger Jahre, vor allem eine beginnende Aufrichtigkeit in sexuellen Fragen, der sie sich verpflichtet fühlte, führten die Autorin zu diesem Thema. Alexis legt seine Geschichte in einem Abschiedsbrief dar, den er an seine Frau Monique schreibt. Er schildert seine von Schwermut überschattete Kindheit in einem verfallenden Schloß in Böhmen, Woroino, wo er als Nachkomme einer verarmten adeligen Familie lebt. Bestimmt von einer kränkelnden Mutter und älteren Schwestern führt sie zu einer Entwicklung, die es Alexis unmöglich machen wird, als Mann eine Frau zu lieben. Heranwachsend, widmet er sich ganz seiner großen Leidenschaft, der Musik. Noch glaubt er, gegen Anfechtungen immun zu sein. Bis er eines Morgens, der nicht anders ist als die anderen, vor den Toren des Schlosses der Schönheit begegnet und ihr erliegt. Das ist alles, was der Leser über diese Begegnung erfährt.

Alexis' Kampf gegen seine Neigung beginnt. Als er der jungen Französin Monique begegnet, glaubt er die Liebe zu ihr lernen zu können, in ihr seine Rettung gefunden zu haben. Er heiratet sie.

Doch auch in der Gemeinschaft mit ihr bleibt er ein Gefangener seiner Natur. Es ist bewundernswert, mit welcher Einfühlung und Delikatesse die Autorin die Seelenzustände des jungen Paares schildert, die Lügen und falschen Geständnisse, die Ängste und das Mitleid der jungen Frau, die Qual der körperlichen Vereinigung, die sich erst nach Wochen vollzieht, die Rückkehr in das düstere Woroino, die Schwangerschaft Moniques, die beide noch mehr von einander entfernt. Auch den Sohn, den seine Frau zur Welt bringt, kann Alexis nicht lieben, er empfindet nur tiefes Mitleid mit ihm. Und doch bewirkt die Geburt dieses Kindes eine plötzliche Wendung, denn er hofft, es werde dem Leben seiner Frau, das er zerstört hat, wieder einen

Sinn geben. Unerwartet fühlt er sich losgelöst von allen Zwängen, er findet zurück zur Musik, und während eines mit ungewöhnlicher Dichte beschriebenen Klavierspiels im abendlichen Schloß fällt der Haß auf seine Veranlagung von ihm ab, nun haßt er seinen vergeblichen Verzicht, von jetzt an will er sich zu seiner Neigung bekennen, zu seinem Wunsch nach Schönheit, zu dem Leben, wie er es will. Er verläßt Frau und Kind.

Diese außergewöhnliche Geschichte, die Autorin nennt sie das »Portrait einer Stimme«, wird in einem eigenwilligen, äußerst klaren Stil erzählt – wie in Bronze geschrieben, wird man diesen Stil später nennen, der aber doch alle Schwankungen, denen Alexis' Psyche unterworfen ist, bis in kleinste Nuancen deutlich macht. Einflüsse von André Gide und Rainer Maria Rilke gibt die Autorin zu, betont aber, daß hier eigene wie fremde Erfahrungen, selbsterlebte wie nur aus der Distanz des Zuschauers erahnte Erschütterungen verarbeitet seien.

Als sie endlich einen Verlag für dieses Werk findet, *Au sans Pareil*, 1929, kauft sie von dem ganzen Vorschuß dafür bei Lalique in Paris eine Vase in milchigem Blau, schön wie ein Wintertag, die sie noch immer besitzt.

Der Veröffentlichung war die Änderung ihres Namens, de Crayencourt, vorangegangen. Mit Hilfe ihres Vaters wurde aus dem Anagramm daraus Yourcenar, was seine Trägerin, die eine Schwäche für den Buchstaben Ypsilon hat – er erscheint ihr wie ein Baum mit offenen Armen – besonders befriedigte.

Zehn Jahre später, in deren Verlauf drei Romane entstehen, denen Marguerite Yourcenar lediglich Bedeutung für ihre künstlerische Entwicklung zuerkennt, erscheint kurz vor

Ausbruch des zweiten Weltkriegs der Roman *Coup de grâce*, dessen deutsche Ausgabe nicht sehr glücklich *Der Fangschuß* heißt. In einer Zeit unaufhaltsamen Umbruchs und schwelenden Hasses zwischen den Völkern, greift die Autorin ein Thema auf, das, in einen früheren Zeitraum versetzt, die Schrecken des Krieges an der Zerstörung menschlicher Beziehungen zeigt. Ein zerschossenes Schloß im Baltikum ist die Kulisse, kurz nach dem Ende des Ersten Weltkriegs, als Deutsche im Weißen Freikorps gegen die Bolschewisten kämpfen. Wie in Alexis erzählt der Held selbst seine Erlebnisse und versucht die Beweggründe seines Handelns zu erklären. Diesmal ist es Erich von Lhomond, ein Deutscher mit französischen Vorfahren, der im Wartesaal des Bahnhofs von Pisa zwei Kameraden von den weit zurückliegenden tragischen Vorfällen berichtet. Als Angehöriger des Freikorps hat er auf Krakovice, einst der Ort unbeschwerter Sommer, nun Bollwerk zur Front, seinen Freund Konrad von Reval und dessen Schwester Sophie wiedergetroffen. Marguerite Yourcenar sagt zu diesem Buch:

> »Es war ein authentisches Erlebnis, das mir ein Freund und später der Bruder des Beteiligten, den ich im Roman Erich nenne, erzählte. Diese Liebesgeschichte dreier Menschen, die isoliert in der Atmosphäre des Krieges, in einem verwüsteten Land lebten, berührte mich. Ich fühlte die tragische Schönheit, die darin lag, erkannte gleichzeitig die Einheit des Ortes, der Zeit und der Gefahr, so, wie wir sie bei den Klassikern finden. Der Ort ist Kurland, der Zeitraum 1919 bis 1921, die Gefahr entsteht aus der Verknüpfung des Dramas der von der Außenwelt abgeschnittenen jungen Leute mit dem Drama des

Krieges, der Not, der widersprüchlichen Ideologien. Mich bewegte vor allem das Schicksal Sophies, einer ungewöhnlich großzügigen Frau – großzügig auch dem gegenüber, den sie liebt, was selten ist. So wie im Leben vollendet das Drama sich auch im Roman: Mit einem tragischen Ereignis, verursacht durch die Grausamkeit des Partisanenkampfes. Wichtiger als der politische Hintergrund erschien mir jedenfalls die Darstellung der Liebe, die Echtheit des Milieus, die Verquickung der Schicksale.«

Das Schicksal Sophies: Es durchläuft alle Tiefen, nähert sich erst an seinem Ende einem fragwürdigen Triumph. Im Gegensatz zu ihrem Bruder ist Sophie stark, energisch, eine herbe Schönheit und doch bei aller Kraft verletzbar. Sie, die ein sowjetischer Soldat vergewaltigt hat, verliebt sich in Erich. Er aber weist ihre Liebe zurück. Als sie erkennen muß, daß der Grund für diese Zurückweisung in Erichs Liebe zu Konrad liegt – ein Thema also, das wir schon in *Alexis* fanden, und das sich in den Memoiren des Hadrian wiederholen wird – kann sie ihre Situation nicht mehr ertragen. Sie flieht zu den Bolschewisten, mit deren Ideen sie schon seit langem sympathisierte. Im Kampf mit ihnen fällt ihr Bruder Konrad, die Gruppe, bei der sich Sophie befindet, wird von Erich und seinen Leuten gefangengenommen. Alle Gefangenen sollen hingerichtet werden, Erich kann sich dem Willen der Mehrheit nicht widersetzen. Sophie verlangt, daß Erich den tödlichen Schuß auf sie abgibt. Er muß ihr diesen Wunsch erfüllen. Unter der Last widersprüchlichster Gefühle tötet er die Frau, die ihn liebt. In ihrem Nachwort sagt Marguerite Yourcenar, sie habe auch die Wesensgleichheit zwischen Erich und Sophie deutlich machen wollen, ihren leidenschaftlichen Drang, bis zum Äußersten zu gehen. Diese Ähnlichkeit ist wie ein enges, geschwisterliches Band, das sie vereint und die Tiefe ihrer Wunden erklärt.

IM JAHRE 1948 – sie hatte sich längere Zeit vom Schreiben zurückgezogen – fiel für Marguerite Yourcenar ein Koffer vom Himmel. Sie sieht es so, im wahrsten Sinn des Wortes. Unter altem Plunder, der den Koffer füllte, fand sie die ersten Seiten eines Manuskripts über den römischen Kaiser Hadrian, das sie vor Jahren begonnen und fast vergessen hatte. Beim Wiederlesen traf sie der berühmte *coup de foudre*. Schon als sie zwanzigjährig die Villa Adriana bei Rom besuchte, war der Wunsch, die fingierten Memoiren des Kaisers Hadrian zu schreiben, in ihr erwacht. Vorarbeiten gingen verloren, wurden verworfen, aber nun, da sie die vergessenen Seiten in Händen hält, faßt sie spontan den Entschluß, diesen bedeutenden Menschen, Staatsmann und Fürsten zum Leben zu erwecken. Sie bedient sich einer Vielzahl historischer Dokumente sowie ihrer Intuition und läßt daraus die Figur des Hadrian, die Erscheinungsformen einer hochzivilisierten Epoche des römischen Imperiums, entstehen. Der Roman *Les Mémoires d'Hadrien*, in der deutschen Übersetzung *Ich zähmte die Wölfin*, erscheint 1951. Es ist ein einziger, von Sprache und Inhalt her außergewöhnlicher Monolog eines außergewöhnlichen Menschen, der den Leser von den ersten Sätzen an gefangen nimmt.
In seiner Villa in Tibur schreibt der sechzigjährige Hadrian an seinen Adoptivenkel, den späteren Kaiser Marc Aurel. Er

weiß, er hat nicht mehr lang zu leben. Der Leser schlüpft gewissermaßen in die Haut des Marc Aurel, er ist der Angesprochene, für den eine weit zurückliegende Vergangenheit zur Gegenwart wird und der aus den Tiefen des Gestern emporgestiegene Kaiser zur alles umfassenden Gestalt. Hadrian, sensibel und musisch veranlagt, setzt den starrsinnigen Eroberungsgelüsten seines Vorgängers und Adoptivvaters Trajan eine Politik des Maßes und des Ausgleichs entgegen, eine Friedenspolitik, die stabilisiert statt vermehrt, aufbaut statt zerstört. *Humanitas, Felicitas, Libertas* sind die Begriffe, nach denen er leben und regieren will und diese Einstellung bringt dem Reich eine Zeit der relativen Ruhe, des Wohlstands, der künstlerischen Selbstdarstellung. Sie findet im Bau des Pantheons, dem Tempel aller Götter, ihr Symbol. Die Liebe zur Schönheit, zur Bildung ist Hadrian von frühester Jugend an mitgegeben.

Die Liebe zur Schönheit führt Hadrian auch zu Antinous, der die größte Liebe seines Lebens wird. Trotz vieler Begegnungen mit Frauen – seine unglückliche Ehe zählt nicht – ist seine Hinneigung zu schlankwüchsigen Epheben stärker. Eines Tages begegnet er in Bithynien einem Knaben, der für ihn das Idealbild klassischer Schönheit verkörpert. Märchenhafte Jahre beginnen.

Der rätselhafte Selbstmord des Zwanzigjährigen, der mystisches Geheimnis bleibt, stürzt Hadrian in tiefste Verzweiflung. In allen Teilen des Reiches läßt er zu Ehren des Toten Statuen setzen, Tempel bauen, er benennt nach ihm Städte und Landschaften, läßt Münzen mit seinem Antlitz schlagen. Der Antinouskult, durch erhaltene Kunstschätze bis in unsere Tage manifestiert, beginnt. Der Autorin scheint es wichtig klarzustellen, daß die Beziehung Hadrians zu

Antinous entgegen der Meinung zahlreicher Leser nur eines neben anderen bedeutenden Ereignissen in seinem Leben ist. Jedenfalls aber symbolisiert sie das persönliche, religiöse und weltanschauliche Ideal des Kaisers. Die Verbrechen, die Ungerechtigkeiten, die er begeht, werden aus Staatsgründen erklärt. Zu dem Zeitpunkt, als Hadrian an Marc Aurel schreibt, hat er bereits die Schwelle zu jener Geisteshaltung überschritten, für die diese Schuld nicht mehr wesentlich ist. Ich habe stets mehr die Freiheit als die Macht gesucht, bekennt der Kaiser, und Freiheit ist es auch für ihn, seine Schmerzen in Erwartung des sicheren Todes nicht eigenmächtig zu beenden. Er läßt sich ans Meer bringen, wo er leichter atmen und sich der langen, rosigen Abende erfreuen kann. *Animula, vagula, blandula, quae nunc abibis in loca Pallidula, rigida, nudula.* Seele du, schweifende, zärtliche, nun führt ins düstre Reich fröstelnder Schatten dein Weg. Nicht als historischen Roman, sondern als tragische Meditation bezeichnet Marguerite Yourcenar die Memoiren des Hadrian, die ihren Weltruhm begründen und auch den Leser als einen Meditierenden, einen weiser Gewordenen entlassen.
Den 1968 veröffentlichten Roman *L'Œuvre au noir* mit dem deutschen Titel *Die schwarze Flamme*, der die fiktive Gestalt des Arztes, Alchimisten und Philosophen Zenon in das Zeitalter der Renaissance stellt, möchte ich nur kurz erwähnen, aber einen Überblick über jene beiden biographischen Bände geben, die unter dem Sammeltitel *Le Labyrinthe du Monde*, das Labyrinth der Welt, in den Jahren 1973 und 1977 erschienen sind. Leider erfahren wir darin kaum etwas über die Autorin selbst. Der erste Band *Souvenirs pieux*, deutscher Titel *Gedenkbilder*, befaßt sich

mit der Familiengeschichte der Mutter, der zweite Band *Archives du Nord*, deutscher Titel *Lebensquellen*, mit den väterlichen Vorfahren und dem Vater selbst. In den *Gedenkbildern* werden wir aber mit der Geburt des Kindes Marguerite im Juni 1903 konfrontiert, die seiner Mutter das Leben kostet. Im düsteren Stadthaus in Brüssel hat man Madame Fernande, 31 Jahre alt, für die letzte Präsentation zurechtgemacht.

Diese Mutter, die sie nie gekannt hat, diese sanfte, schwer ergründbare, grünäugige Frau, die an ihrer enttäuschenden Ehe litt, versucht die Tochter in ihren Gefühlen und Handlungen auszuleuchten, sie geht ihren Spuren nach, durchforscht Kindheit und Jugend, geht zurück zu den Wurzeln bis in das Lüttich des vierzehnten Jahrhunderts. Soldaten, Bürgermeister, Gutsbesitzer läßt sie aufmarschieren, beschreibt ihre Häuser und Schlösser in Flandern, von denen nicht mehr blieb als eine einzige, sich heiter in den Himmel schwingende Treppe. Das weite Panorama läßt bewegte Zeitläufe und soziale Veränderungen in privaten Schicksalen sich spiegeln, die Autorin hat sie aus alten Briefen, Verträgen, Notizen und eben aus den *souvenirs pieux*, den frommen Totenzetteln, zum Leben erweckt. Nur die Menschen, die sie interessierten, sagt sie, habe sie in diese Galerie der Vergangenheit aufgenommen, wie zum Beispiel jenen Onkel Oktave Pirmez, einen belgischen Dichter des 19. Jahrhunderts, den sie aus seinen exaltierten, feierlichen Schriften selbst zitieren läßt. Oder wie ihre Großmutter Mathilde, Gutsherrin und Mutter von zehn Kindern, Gattin des gleichgültigen Arthur, opferbereit gleich den meisten Frauen in Marguerite Yourcenars Büchern. Die berührende Beschreibung ihres morgendlichen

Kirchgangs und der folgenden Heimkunft zeigt das Einfühlungsvermögen der Autorin in dieses Schicksal.
Im zweiten Band der Biographie, den *Lebensquellen*, umkreist die Autorin, von unerforschten Zeiten ausgehend, die Menschen in immer engeren Zirkeln, verweilt dann bei dem korrekten, aber innerlich brüchigen Familienleben ihres Großvaters Michel-Charles de Crayencourt, eines Großbürgers im Lille des 19. Jahrhunderts, um dann, über weite Strecken, das unkonventionelle, freizügige Leben ihres Vaters Michel zu schildern.
Nach der in Bildern von suggestiver Kraft erfolgten Beschreibung des noch unbewohnten, namenlosen Nordens Frankreichs, findet Marguerite Yourcenar den Weg zu Kelten und Römern, zur Entstehung jener Dörfer, aus denen ihre Familie kommen wird. Menschen, von Anfang an ausgestattet mit über Generationen sich wiederholenden Wesenszügen: Lebensfreude, Respekt vor dem Geld, Ablehnung jeglicher Autorität. Die kaum noch wahrnehmbare Gestalt eines Cleenewerck aus einem Marktflecken zwischen Cassel und Bailleux, irgendwo vermerkt in Dokumenten des 16. Jahrhunderts, trägt zwar noch nicht den Namen Crayencourt, der später auf Grund eines unbedeutenden Lehens der einzige Name seiner Nachfolger werden wird, aber dieser Vorfahre, Patrizier und Bürger strickt bereits an den Maschen des Netzes aus Wohlstand und Privilegien, das sich in der Epoche der Industrialisierung noch beträchtlich vergrößern wird. Michel-Charles de Crayencourt, ehrgeiziger Student der Rechte in Paris, muß allerdings an einem strahlenden Maitag des Jahres 1842 die bis dato nicht durchschaubaren Schrecken der Technik erkennen. Nach einem fröhlichen, mit Freunden und gefälligen

Mädchen im Park von Versailles verbrachten Tag will man mit der neuen Eisenbahn zurück nach Paris. Grauen und Schrecken der folgenden Katastrophe werden Michel-Charles ein Leben lang nicht verlassen.
Vierzig Jahre später, er ist längst Präfekt des Départment du Nord, schreibt er seine Erinnerungen an die Katastrophe für seine Kinder auf. Er verschweigt die lebenslustigen Damen. Auch die Überlieferung schrecklicher Details hat seine Enkelin Marguerite erst den Papieren aus den Archiven von Versailles entnommen.
Marguerite Yourcenars Vater Michel: Rebell und Individualist, Grandseigneur und Spieler, Homme à femmes, ungeduldiger Ehemann und zärtlicher Vater. Seine Geschichte reicht vom Hinauswurf aus dem Internat, Ausbruch aus dem elterlichen Milieu, Desertion aus der Armee bis zur Flucht nach England, wo er eine Liaison mit einer verheirateten Frau unterhält, bis zu einer ungewöhnlichen Fahrt nach Amerika, seiner Rückkehr und Seßhaftwerdung in Belgien, da er als Deserteur in Frankreich nicht bleiben darf. Seine erste Ehe beschert ihm eine vermögende, gleichgesinnte Frau, mit der er Jahre auf Reisen verbringt, vom Spielkasino zum Pferderennen eilend. Bis ihr mysteriöser Tod, dessen Hintergründe er nicht einmal seiner Tochter Marguerite enthüllt, ihn zum Witwer und bald darauf zum Gatten Fernandes macht. Nach dieser kurzen Verbindung nimmt er sein unstetes Leben wieder auf, Frauen wechseln in rascher Folge, immer mehr wird das Spiel zum Inhalt seiner Tage. Nach dem Verlust seines Vermögens stirbt er als alter Mann, der sein Schicksal angenommen hat, einen fast heiteren Tod in Lausanne. Dieser Michel de Crayencourt, interessant in der Vielschichtigkeit seines Charakters und

seines Handelns, steht als faszinierende Gestalt einer versunkenen Epoche vor den Augen des Lesers und, das ist unverkennbar, als geliebte Kultfigur im Leben seiner Tochter Marguerite.

Es ist nicht zu übersehen, daß die Sprache der Autorin sich beim Schreiben der Biographien geändert hat. Trotz aller verbliebenen Klarheit bemerkt man eine Verminderung der Distanz zu den geschilderten Personen, eine stärkere emotionelle Färbung in der Zeichnung ihrer Charaktere, der Stellenwert der Poesie ist ein größerer geworden.

Marguerite Yourcenar ist Trägerin hoher Auszeichnungen, Empfängerin bedeutender Literaturpreise, sie ist Mitglied der Académie royale belge und, vor allem, einziges weibliches Mitglied der Académie française. Sie läßt, als alte und weise Frau, im letzten Absatz der *Lebensquellen*, der noch einmal das wenige Wochen alte Kind Marguerite in die Szene bringt, den Leser teilhaben an ihren Erkenntnissen: Lassen wir dieses Kind im Schatten der Linden auf Madame Azélies Schoß schlafen; lassen wir es mit seinen neuen Augen den Flug eines Vogels oder einen Sonnenstrahl verfolgen, der zwischen zwei Blättern aufblitzt. Der Rest ist vielleicht weniger wichtig, als man glaubt.

Christine Brückner

Gudrun Ensslin

Aus unzähligen Aufzeichnungen und Briefen schlossen die Ermittlungsbehörden der RAF-Terroristen, daß sie, von einem glühenden Haß gegen diesen Staat beseelt, der gefährlichste Führer der Terroristen war: Gudrun Ensslin, Pfarrerstochter, aus einer schwäbischen Kleinstadt stammend, ausgezeichnete Schülerin, angehende Grundschullehrerin, eine intelligente Persönlichkeit.
Die beiden Bilder passen nicht zusammen, waren aber Realität, die 1977 in einem Selbstmord endete.
Die Schriftstellerin Christine Brückner legte ihr nachfolgende Rede in den Mund: Worte und Gedanken, die die Terroristin so oder so ähnlich durchaus hätte äußern können während ihres Aufenthalts im Stammheimer Gefängnis.

ICH WILL REDEN, wenn ich reden will, und nicht, wenn ihr wollt, ihr Scheißer! Und wenn ich gegen die Wände rede! Alle reden immer nur gegen Wände! Warum ich auf Socken laufe? Weil ich meine Schritte nicht mehr hören kann: tapp-tapp, tapp-tapp. Wie eine Katze schleiche ich mich an, und dann mache ich einen Satz.
Ich mache einen Satz!

Undressierte Raubtiere hinter Gittern. Wir beißen und kratzen, und wir scheißen auf euch. Die große Raubtiernummer aus Stammheim, täglich in den drei Abendprogrammen des deutschen Fernsehens. Fehlt nur noch das Laufgitter. Warum erhebt ihr keinen Eintritt? Alle mästen sich an uns, die Gefängnisaufseher und die Richter und die Journalisten und die Fotografen. Vor allem das Publikum. Wir kriegen nicht mal Gage. Wir machen euch seit Jahren jeden Tag eure Zeitungen voll. Wir bringen mehr ein, als wir kosten, Herr Springer! Zwölf Millionen Bausumme für die Strafanstalt Stammheim! Und was bringt ein Aufmacher in BILD? Ihr mauert uns ein, aber ihr kriegt uns nicht vom Fenster. Wenn wir nicht mehr um uns schlagen können, machen wir trotzdem noch Schlagzeilen: Die BeeRDe wird von Stammheim aus regiert!
›Der weiche Gang geschmeidig langer Schritte‹ – ›langer‹ ist falsch, Gudrun, konzentrier dich! Rainer Maria Rilke, ›Der Panther‹. ›Ihm ist, als ob es tausend Stäbe gäbe, und hinter tausend Stäben –‹ Scheiße! Ihr Säue, ich rede nicht mit euch. Ich rede mit keinem mehr. Die Zellenwände sind immer noch besser als eure Ohren. Nicht reden und nicht essen, nichts mehr aufnehmen, nichts mehr von sich geben, aufhören zu pissen und zu scheißen. Die totale Verweigerung. Ich wollte mir alles verkneifen und bekam Blasenkrämpfe. ›Geh zur Toilette, Gudrun, bevor du das Haus verläßt!‹ Ich spür nichts mehr! Ich höre keine Stimmen mehr. Ich lasse sie alle aufmarschieren, Vater-Mutter-Schwestern-Brüder – Sense! Wenn ich mir die Nadel des Plattenspielers in den Arm bohre, kommt kein Blut mehr. Ich könnte im Zirkus auftreten und mich in zwei Stücke sägen lassen.

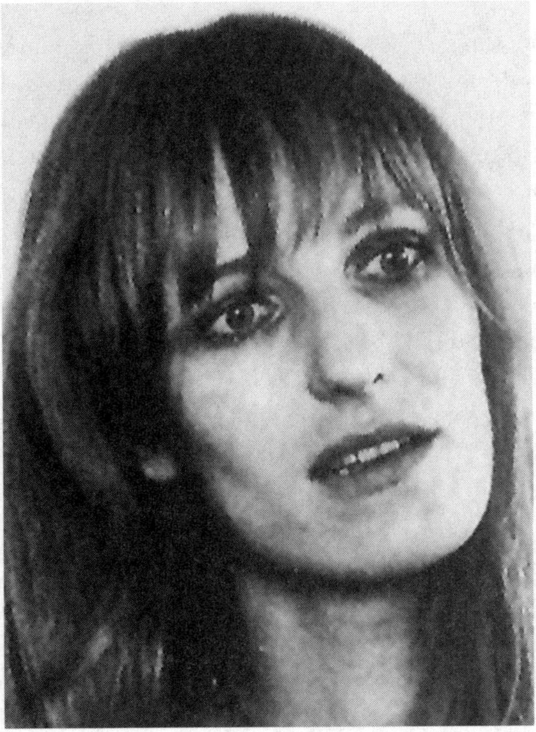

Gudrun Ensslin

Illusionshaft ist Mord! Illusion – Isolation, I-so-la-tion, du mußt deine Gedanken ordnen, die Worte ordnen, letzte Worte ›les belles choses‹. Verdammte Chose! Ich glaube an die Revolution – irgendwas muß man doch als letztes sagen. Ob es nun jemand hört oder nicht! ›Der Vater im Himmel hört alles, mein Kind!‹ Ja, Papa! Ihr werdet mich auf eurem fetten Gewissen haben. Ihr seid schuld an meinem Tod. Was ihr macht, ist Massenmord. Die Masse mordet den einzelnen! Ich atme doch noch. Ich hauche und fauche. Einatmen – Ausatmen – Nichtmehratmen. Fünf Atemzüge von Wand zu Wand, es geht auch mit dreien und mit zwei Luftzügen. Meine Augen brennen vom Neonlicht. Als hätte ich geheult. ›Sogar deine Tränen sind trocken‹, warum vergesse ich denn deine blöden Sätze nicht, Vesper. Ich male mir auch hier dicke schwarze Lidstriche. Mein Gesicht gehört mir. Anders kriegt ihr mich nicht, wie die adligen Damen vor der Guillotine. ›Die letzte am Schafott‹, Gertrud von Le Fort, klassisches Beispiel einer deutschen Novelle. Vergleiche die Milly aus Becketts ›Glückliche Tage‹ mit der ›Letzten am Schafott‹! Erst schminken sie sich, und dann stecken sie sich die Handgranaten in die Tasche. Na und? Wem paßt das nicht, Herrn Springer? Paßt euch unser Terroristen-Look nicht? Wollt ihr uns alle in Uniformen und Roben stecken? Die Aufpasserinnen können einem leid tun, lebenslänglich Stammheim, jeden Tag rein in den Knast, raus aus dem Knast. Das Wort Mitleid kannst du aus deinem Wortschatz streichen, Gudrun. Mitleid kannst du dir nicht leisten. Am ersten Tag hätte ich in eure weißen Fleischarme beißen mögen, aber ich habe euch nur angefletscht, damit ihr vorsichtig seid. Winnie – sie heißt Winnie und nicht Milly! Winnie und Willie im Atomstaub, Adam

und Eva am Ende aller Tage. Mein Schwiegervater: der bedeutende deutschsprachige Dichter Will Vesper! Will, nicht Willie! ›Heilig Vaterland, in Gefahren / deine Söhne sich um dich scharen‹ – Was hältst du denn von den Töchtern des heiligen Vaterlands, du Nazi-Schwein! Du hast die Leute dumm und dämlich gemacht mit deinen Gesängen. Die Frage nach dem Glück hat sich mir nie gestellt. Ihr Arschlöcher!
Ja, ich nuckle an meinem Arm, Mutter, auch wenn du es hundertmal verboten hast. Ich mache mir meine Knutschflecken selber. Ich bin keine Bezugsperson mehr. Ich bin nicht mehr die Pfarrerstochter aus Cannstatt, ich bin nicht mehr die Schwester meiner Geschwister, ich war nie mit dem hochbegabten Schriftsteller Bernward Vesper verheiratet, ich bin keine Lehrerin und ich bin nicht die Mutter eines Kindes! Wenn ihr das doch endlich begreifen wolltet! Es kann euch doch scheißegal sein, in welchem Verhältnis ich zu Andreas Baader stehe. Wenn ich tot bin, wenn ich tot sein werde – benutze die Zeitworte richtig, Gudrun! –, könnt ihr um euer verirrtes Kind trauern und für die Tote beten, daß Gott ihr gnädig sei. Amen. ›Der irdischen Gerechtigkeit kann man sich entziehen, nicht aber der Gnade Gottes.‹ Warum kann ich mir Vaters Sprüche nicht aus dem Kopf reißen wie Unkrautbüschel? ›Der Herr lasse leuchten sein Angesicht über dir und sei dir gnädig.‹ Über deiner Tochter leuchtet Neonlicht, Papa! Ich brauche eure Gnade nicht! Erst die Worte von der Kanzel, dann die vom Katheder – ich scheiße drauf. Es macht mir nichts mehr aus, Scheiße zu sagen, aber es befriedigt mich auch nicht mehr. Bist du damit zufrieden, Mutter? Welche Erwartungen habt ihr denn gehegt, als ihr die vielen Pfarrerskin-

dermüllersvieh hergestellt habt? Ihr habt doch immer ›gehegt‹! Lauter Gotteskinder? Wie sollte ich denn mein Kind vor der Welt behüten? Wie behütet man denn Kinder? War es nicht besser, für mein Kind und alle künftigen Kinder die Welt zu verändern? Empfängnis, Schwangerschaft, Geburt und der Vorgang des Stillens waren wichtig für meine Selbstfindung! ›Gudrun, verwende in deinen Aufsätzen weniger Ausrufungszeichen.‹ Name des Kindes: Felix. Beruf des Vaters: ausgeflippter Intellektueller, Tod durch Erhängen. Beruf der Mutter: Terroristin, Mörderin, Brandstifterin, z.Zt. Stammheim.
Ich reagiere nicht mehr. Kein Stichwort sticht. Ich spüre nichts. Warum rührt sich denn mein Mutterinstinkt nicht? Ich bin wie vereist. Man soll mich vereisen, damit ich in hundert Jahren sehen kann – werde sehen können –, was aus unserer Studentenbewegung geworden ist. Eine Geschichtszahl, ein Name, die heilige Gudrun und die heilige Ulrike und der heilige Andreas. Allerheiligen aus Stammheim. Vesper mit seinem Vater-Komplex und ich mit meinem Vater-Komplex und Felix mit seinem Vater-und Mutter-Komplex, da muß man doch verrückt werden. ›Es ist nur eine dünne Wand zwischen Irrsinn und Verstand.‹ Ich hätte Politik im Bauch? Hast du was dagegen? Was hast du denn im Kopf? Du sabberst aufs Papier, du literarischer Bettnässer! Du warst der Erzeuger eines Kindes und kein Vater, und ich habe ein Kind ausgetragen und war keine Mutter. Dein ewiges: Ich muß schreiben! Deine Scheißdialektik, auf den Trip gehen-ab-fahren-ankommen-starten-landen-träumen-flippen-ausflippen-flippern, du ausgeflipptes Miststück! Und für dich habe ich mal schwarze Kerzen angezündet! Was du brauchtest war eine Fickmieze.

I hate! I hate! Was anderes konntest du ja nicht als hassen. Den Vater und das Vaterland und die Leute, die du vegetables nanntest, weil es auf englisch noch verächtlicher klingt. Selber niemanden lieben, aber geliebt werden wollen, und ich Idiot, ich bin darauf reingefallen. Liebstdumich? Liebstdumichimmerundewig? Dieses verdammte Versöhnungsficken. Ein Kind hat mir ein Kind gemacht, und ich bin aufs Mutterrad geraten, und das dreht sich und dreht sich! ›Gudrun, vermeide Sätze, in denen gleichklingende Wörter wie Rad und geraten unmittelbar aufeinander folgen.‹ Ich sehe jetzt alles, ganz nüchtern. Das Kind mußte Felix heißen, damit die vegetables merken sollten, was für ein glückliches Kind in eine Welt hineinwuchs, die seine Eltern verändert hatten von Grund auf, nicht Schrittchen für Schrittchen. Und dabei hat es noch mehr Pech gehabt mit seinen Eltern als seine Eltern mit ihren Eltern und deren Eltern. Hättest du nicht auf das Kind aufpassen können, als die Bullen mich geschnappt hatten? Sie haben es mit Intellektuellen zu tun, hoher Herr Gerichtshof, ersparen Sie uns die Kommentare! Ich konnte das Kind nicht mit ins Gefängnis nehmen und auch nicht mit auf die Flucht. In meinem besonderen Falle trachtete Herodes der Mutter nach dem Leben und nicht dem Kind, Papa! Was schickt ihr mir denn diese verdammten Fotos. Ich will keinen mehr sehen! Dieses weinerliche Gesabber: Weißt du noch, unser erster Sommer? Denk doch an die Parkbank in Tübingen! Als ob der Neckar was damit zu tun hätte. Du hast nichts begriffen. Ein paar Flugblätter verteilen. Das war's. Papier. Man könnte genausogut Drachen steigen lassen. Es muß doch andere Verständigungsmöglichkeiten als Papier und Bomben geben. Man muß den Leuten wegnehmen oder zerstören, was ihnen lieb ist, ihre Macht und ihr Geld, begreift das doch! ›Es ist leichter, destruktiv als konstruktiv zu sein.‹

Ich will nicht darüber nachdenken, was aus dem Kind werden soll. Ich habe mein Kind einer großen Idee geopfert. So kann man sagen, den Satz lasse ich gelten. Studentenbewegung. Politisierungswelle, daraus ist ein Sturm geworden, der die ganze westliche Welt erfaßt hat. ›Horch, Kind, horch, wie der Sturmwind weht!‹ Ich will nicht in eurem Strom schwimmen, ich will nicht gegen den Strom schwimmen, ich bin eine Sperrmauer im Strom der Zeit! – Dieses widerwärtige Pathos, das habe ich von dir, Vater. Immer fallen mir ganze Sätze ein, Fertigfabrikate. Übungssätze. Die geborene Lehrerin: Bilde die weibliche Form von Hausbesitzer, Hausbesetzer, Politiker, Kapitalist. Feministin, Fanatikerin, Terroristin. ›Woher der hohe Anteil von Frauen unter den Terroristen?‹ Als ob das jetzt noch eine Rolle spielte. Männer – Frauen. Wir sind geschlechtslose, gehetzte Wesen, immer kurz vor der Falle oder schon in der Falle, im Kopf nur noch Fluchtpläne und Befreiungsaktionen. Im Bauch ist Sense. ›Man kann mit den Frauen nicht mehr alles machen, aber Frauen können alles machen.‹ Kapiert? Wir rebellieren wie die Männer und werfen Bomben wie die Männer, wir sind furchtloser als sie, wir haben nichts zu verlieren. ›Polizisten sind Schweine, auf die geschossen werden darf.‹ Gut so, Ulrike! Der Satz hat Schlagzeilen gemacht! Wie die Geier haben sie sich darauf gestürzt, das war ein gefundenes Fressen. Auf Geier darf auch geschossen werden. Wenn man erst anfängt, gibt es keinen, auf den man nicht schießen dürfte. ›Das Bedürfnis, sich zu verteidigen, hat sich im Laufe der Jahrhunderte in den Frauen

angestaut.‹ Eure kapitalistische Ordnung läßt sich doch nur mit Gewalt aufrechterhalten. Kinder werden von ihren Eltern zu Tode geprügelt. Falsche technische Voraussetzungen sind schuld an Hunderttausenden von Verkehrstoten. Gesellschaftliche Mißstände sind schuld an Alkoholtoten und Drogentoten und Selbstmordtoten. Weil man so nicht leben kann, kapiert?
Warum schreien Sie so, Angeklagte Ensslin? Warum brüllen Sie Ihre Parolen gegen die Wände? Unsere Wanzen sind nicht schwerhörig. Ich schreie, bis ich keinen Zahn mehr im Mund habe! Wir haben uns in die Räder der Geschichte geworfen und sind in die Speichen geraten. Scheiße! Dieses Gequassel in Bildern und Gleichnissen. Wie eine schwäbische Pfarrerstochter. Das ausdrucksvolle junge Gesicht der Gudrun Ensslin! Alle die glatten Mädchengesichter auf den Fahndungsplakaten! Und? Ist was? Die Verfolger, die Ankläger, die Verteidiger – lauter Männer, die Jagd machen auf ein paar Frauen. ›Wir sind Märtyrerinnen einer großen geistigen Bewegung! Die Angst vor Bomben kann man nur überwinden, indem man selber Bomben wirft.‹ Nicht schlecht, Gudrun! Im Luftschutzkeller soll ich immer begeistert Bombe gerufen haben. Bombe! Bombe! Dreimal lebenslänglich. Gemeinschaftlich, heimtückisch. Was noch – noch was? Aus niedrigen Beweggründen getötet und zu töten versucht. Ihr Scheißer, ihr verdammten Scheißer! Wir sind keine Kriminellen. Wir machen Politik mit anderen Mitteln, aus den gleichen Gründen macht ihr Kriege. Ihr könnt uns den Prozeß machen und ihr könnt uns verurteilen, aber ihr könnt die Politik nicht rauslassen. Unsere Kriminalität ist politisch und eure Politik ist kriminell. Wir waren stärker als die Polizei. Die Terroristen von heute sind

die Politiker von morgen. Politik findet auch im Gerichtssaal statt! Politik findet überall statt, im Bett und im Kindergarten und in der Schule. Überall wird unterdrückt und gefoltert und Macht ausgeübt. Terror! Gudrun, übersetze das Lateinische terrere ins Deutsche! Terrere gleich schrecken, erschrecken, terrorisieren gleich Terror ausüben, Schrecken verbreiten, unterdrücken, geistig vergewaltigen. Aber wir haben doch nur den Kampf gegen die Vorherrschaft des Profits aufgenommen. Nach diesem Gesetz sind wir angetreten. Noch einmal: Wir sind politische Gefangene! Wir sind keine Kriminellen! Kapiert? Ich frage Sie, Herr Oberster Gerichtshof, wie lange ist lebenslänglich für jemanden, der hungert? Den ihr jederzeit an den Tropf hängen könnt? Was macht ihr, wenn ich mich selber erhänge? Wollt ihr mich dreimal umbringen? Isolation ist Folter! Ich bestimme das Datum meines Todes selber. Ihr habt keine Macht über uns. Zwangsernährung? Ernährt doch erst mal die, die essen wollen. Millionen von Menschen hungern! Ihr wollt die Öffentlichkeit mit unserem Prozeß nur ablenken von euren Atomraketen, mit denen ihr alle-alle-alle! ausrotten könnt. Und uns haltet ihr die paar Toten vor. Eure Rechnung geht nicht auf.

Wenn wir in unseren Zellen Platten hören und Bücher lesen dürfen, warum habt ihr mir nicht Kafkas ›Hungerkünstler‹ gebracht? Warum hungert der Hungerkünstler bei Kafka? – Aufsatzthema für die 12. Klasse. Tag und Nacht auf dem Trapez, wörtlich zitiert. Warum hungert Gudrun Ensslin? Sie kann nicht mehr essen, sie bekommt den Kiefer nicht mehr auseinander, sie mahlt und knirscht mit den Zähnen. Die Kinder in Biafra hungern aus Hunger. Ich hungere, du hungerst, er sie es hungert. ›Wir hungern

und dürsten nach Deiner Gerechtigkeit.‹ Man hat das Kind mit diesem hohen Anspruch an die eigene Leistung erzogen. Bekannte Politiker sind in ihrem Elternhaus ein- und ausgegangen. An einem Hungerkünstler verliert die Öffentlichkeit nach vierzig Tagen das Interesse und wendet sich anderen Ereignissen zu. Oder waren es vierzehn?
Wenn man uns nun vergißt? Wenn keiner mehr in unseren Trakt kommt? Und auch die Geier das Interesse an uns verlieren? Erst wenn man uns totschweigt, sind wir wirklich tot. Wie lange wird man noch wissen, wer Gudrun Ensslin war? Die Rosa Luxemburg der siebziger Jahre! Wenn man alles erreicht hat, bleibt als Konsequenz nur der Selbstmord. Wenn man nichts erreicht hat, bleibt als einzige Konsequenz nur der Selbstmord. ›Sind zwei Größen einer dritten Größe gleich, dann sind sie auch untereinander gleich!‹ Lehrsätze aus der Mathematik. Das Leben ein Curriculum. Gebt doch zu, daß ihr Angst vor uns habt! Daß ihr uns vernichten wollt, verbrennen wie die Hexen. Allerheilige von Stammheim steht mir bei! ›Sprengsätze statt Übungssätze‹ – die Lebensgeschichte einer Lehrerin, exklusiv für STERN. Was zahlt ihr Schweine denn? Zählt die Lieblingswörter eurer Lehrerin auf: Jetzt-schnell-vorwärts-unterwegs-sofort-verändern-spontan-heute-radikal. – Wer von euch weiß weitere Wörter?
›Der Tod als letztes Fanal‹. Gudrun Ensslin als Aufmacher. Das letzte Band aus der Todeszelle. Braucht ihr noch Zwischentitel? Ihr letzter Wunsch galt der Wimperntusche. Bilde vollständige Sätze mit Hilfswörtern und Zeitwörtern und Ausrufungszeichen! Wer redet, ist nicht tot. Ich lebe noch! Und niemand hört meine Worte und keiner meine Schritte. Schlaft! Schlaft den Schlaf der Gerechten! Aber

morgen früh ist es mit eurer Ruhe vorbei, und dann haben wir drei unsere Ruhe. Schießen-erschießen, bilde die transitive und die intransitive Form von schießen.
Jeder zum Tode Verurteilte hat einen letzten Wunsch frei. Ich hätte diesem Ich-versuche-doch-Sie-zu-verstehen-Geistlichen meinen letzten Wunsch offenbaren können, aber ich bekam die Zähne nicht auseinander. Wenn ich diese Leute sehe, kriege ich Kiefersperre. So ein Krampf! Man soll uns in ein gemeinsames Grab legen! Hört ihr? Ihr Scheißkerle! Werft uns zusammen in die Grube! Wir kommen hier nicht mehr raus. Dies ist die letzte Falle. Jetzt habt ihr uns. Bravo! Todesursache: Erhängen. ›Er hat sich auf dem Dachboden erhängt!‹ Auf dem Land ist das üblich. Ich bin eine Pfarrerstochter vom Land. Keine Scheune und kein Strick, aber das Kabel des Plattenspielers und ein Fensterkreuz. Das ist längst abgesprochen. Euer Kontrollsystem funktioniert nicht. Wir sind euch an Intelligenz überlegen. Ihr könnt uns nicht trennen. Nur der Tod kann uns trennen. Oder auch nicht!
Früher wußte ich doch mal, wie ich mir richtiges Leben vorstelle, und jetzt stelle ich mir eine Wohnung vor, die kein Unterschlupf ist, und denke an monatliche Gehaltsüberweisungen und nicht an Bankeinbruch. Der Wecker soll klingeln, und ich stehe auf und dusche und ziehe Felix an und koche Kakao für ihn und bringe ihn zur Schule – paß auf, wenn du über die Straße gehst! – und lasse Übungssätze schreiben, trinke Kaffee im Lehrerzimmer und rede über das Fernsehprogramm und über Ferien auf Sylt. Wir sparen für ein Häuschen im Grünen. Mir ist schlecht! Es kotzt mich an, ich kotze euch an! Aus der Isolationshaft ist eine Illusionshaft geworden. Kein Denkmal für Gudrun

Ensslin. Keine Zeile im Geschichtsbuch. Auszug aus der Geschichte, der kleine Ploetz. ›Es ist nur eine dünne Wand zwischen Irrsinn und Verstand.‹
Ich gehe barfuß, Mama! Ich habe deine liebevoll gestrickten Wollsocken ausgezogen. Ich werde mir auf dem kalten Betonboden die Blase erkälten. Ich will Erde unter den Füßen haben oder Gras, betautes Gras.

Viola Roggenkamp

Martina Navratilova

Inzwischen wurde der Name Martina Navratilova im Tennissport durch andere auf der Weltrangliste ersetzt. Tatsache bleibt allerdings, daß sie eine der erfolgreichsten Spielerinnen aller Zeiten war und das Damen-Tennis weit vorangebracht hat. Aber sie machte auch durch ihr offenes Bekenntnis zur Homosexualität auf sich aufmerksam und beschwor damit so manchen Skandal herauf.
1985 – als sie auf der Höhe ihrer Karriere war – widmete Viola Roggenkamp ihr einen Artikel, der das Phänomen Martina Navratilova zu erklären sucht.

WO IMMER SIE ERSCHEINT, ist die Aufregung groß. Jubelnde Hochachtung gepaart mit triefender Neugier. Ihr Name steht für Erfolg, Kraft, Schnelligkeit, Temperament, Kampf und Risiko und Sieg. Aber auch für Skandal: Martina Navratilova. Eine Spielerin, die fast ausnahmslos gewinnt, im Tennis wie in der Liebe. Eine Frau, die es sich gestattet, ehrgeizig zu sein, durchtrainiert und leidenschaftlich.
Die männlichste aller Industrien, die Auto-Branche, besteht darauf, der rasanten Siegerin stets das neueste Modell

vor die Garagentür zu stellen. Zeitweilig sind es sieben Wagen, dann beginnt sie die Woche im Rolls-Royce und wirft sich am Sonntag über das Steuerrad im Porsche. Den Weg zur Post macht sie auf einer 250er Honda.

Alle wollten es wissen. Nun wissen es alle. Das haben sie davon. Sich jetzt noch zu entrüsten, ist out, selbst *Bild der Frau* berichtet es gelassen: Die weltbeste Tennisspielerin und Weltsportlerin Nummer eins des Jahres 1984 (Ulrike Meyfarth kam auf Platz 3), das Idol und Vorbild aller Tennis-Teenies liebt Frauen. Und Frauen lieben sie.

Über sie schrieb die amerikanische Schriftstellerin Rita Mae Brown einen Roman. Für sie hing Nancy Lieberman, von der amerikanischen Fachpresse zur »besten Sportlerin auf Lebenszeit« gewählt, die eigene Basketball-Karriere an den Nagel.

Ihretwegen ließ sich Texas' Baumwollkönigin Judy Nelson, 36jährige Mutter von zwei Söhnen und Milliarden-Erbin, jetzt von ihrem Mann scheiden. Tja – und in Wimbledon reichte Englands engelsblonde Herzogin von Kent der letztjährigen und neuen Siegerin vor aller Öffentlichkeit die Wange zum Kuß.

Zwar nörgeln mißgünstige männliche Journalisten gern über den »männlichen Schlag« der Navratilova (*Stern*) und behaupten allen Ernstes, weil sie so oft gewinne, mache sie das Damen-Tennis kaputt, doch ihre Gegnerinnen lassen sich neidlos bis hingerissen von ihr bezwingen. Katja Ebbinghaus, vielfache Deutsche Meisterin, gestand gar (*Brigitte*): »Martina Navratilova ist eine Persönlichkeit der man sich schwer entziehen kann.«

Pam Shriver, Partnerin im Doppel und Konkurrentin im Einzel, gestand der *New York Times* in komischer Verzweif-

Martina Navratilova; Foto: Ch. Petit

lung wie gutmütiger Bewunderung, die einzige Möglichkeit, Navratilova zu besiegen, sei »ihr vor dem Spiel auf dem Parkplatz über den Fuß zu fahren«. Und eine unbekannte amerikanische Spielerin seufzte anerkennend: »Es sieht so aus, als habe sie Spaß am Tennis. Selbst wenn sie dich im Spiel umnietet, fühlst du dich gar nicht so schlecht dabei.«

Chris Evert-Lloyd, Amerikas Sweetheart und seit ihrer Ehe mit dem Engländer John Lloyd auch der Briten Darling, hält sogar die Verliererin Martina noch für die Siegerin; sie gewann zwar das letzte French Open in Paris, gestand jedoch, sie habe sich auf dieses Spiel seit Jahren vorbereitet und sei trotz ihres Sieges davon überzeugt, »Martina ist dennoch die stärkere Spielerin«. Gemeinsam geben beide Frauen seit etwa zehn Jahren den Ton an auf allen internationalen Tennisplätzen. Über 60 Mal spielten sie gegeneinander, davon in über 40 Endspielen. In ihrem persönlichen Duell ist meist die Navratilova um eine Nasenlänge voraus.

In das sogenannte internationale Damen-Tennis ist Martina gleich einer Wölfin in eine Schafherde eingefallen. Angriff à la Navratilova heißt seit ein paar Jahren weltweit das Trainingsziel des weiblichen Nachwuchses. Die jungen Mädchen dürfen jetzt stürmen, vorwärts in den Ball und ans Netz, sogar in der Bundesrepublik, wo einige Trainer noch immer auf »weiblichen Stil« halten. Doch nun ist das Ende des beidhändig defensiven Grundlinien-Spiels eingeläutet. Nicht nur darum ist die gebürtige Tschechin für Frankreichs »Equipe« die »heilige Navratilova«. Von über 200 Spielen der letzten Jahre hat sie nur sechs verloren. Ihr Aufschlag zischt mit 240 Sachen übers Netz, und jeder auf ihre Vorhandseite geschlagene Ball ihrer Gegnerin kommt von ihr als Rückhandtreffer zurück, denn sie schlägt mit links.

Englands Grand Lady im Tennis, Virginia Wade, 1977er Wimbledon-Siegerin, heute 40 Jahre alt und erste, einzige Frau im Wimbledon-Komitee, nannte Martina einen »Ferrari unter lauter Kleinwagen«. Das amerikanische Nachrichten-Magazin *Newsweek* hob sie auf's heißbegehrte Titelblatt mit der Schlagzeile »Martina at the Top« und gab ihr den Beinamen »The Invincible«, die Unbezwingbare. Die deutsche Presse, in der Einfallslosigkeit immer gern dem Ausland etwas voraus, schreibt von ihr am liebsten als »Tennis-Roboter« *(FAZ)*, »Tennismaschine« (*Stern*) oder »Tennis-Königin« (*Quick*).

Und sie selbst? »Ich finde mich wundervoll, ist doch klar! Was ich besonders an mir mag, ist meine Aufrichtigkeit, meine Wärme und mein Gerechtigkeitssinn. Andererseits – ich bin sehr vergeßlich, komme oft zu spät, habe aber auch zuviel von einer Perfektionistin. Von anderen Menschen erwarte ich viel, und ich bin sehr ungeduldig. Überhaupt nicht mag ich Ignoranz, noch weniger als Dummheit.«

Das Wachsfiguren-Kabinett der Madame Tussaud in London hat inzwischen bei ihr Maß nehmen lassen: 1,69 Meter groß, 60 Kilo schwer, hohe slawische Wangenknochen, lange, schmale Nase, graublaue Augen und viel zu weiches, sehr blondes Haar. Dazu zwei schnelle, gutgewachsene Beine und das Wichtigste (jedenfalls für Madame Tussaud) – zwei wohlgeformte, muskulöse Arme, relativ schmale Handgelenke und kräftige, schlanke Hände. Hier, unter den bedeutendsten Künstlern, großen Politikern und Kriminellen der Welt wird die Unbesiegbare zur Unsterblichen, die am 18. Oktober übrigens 29 Jahre alt geworden ist und als »größte Tennisspielerin aller Zeiten« in die Geschichte eingehen möchte. Das ist ihr Wunsch. Ihr Weg aus dem tschechischen Kaff Revnice, 20 Kilometer vor Prag, nach Dallas und New York, liest sich wie der Text-Vorwurf zu einem Hollywood-Kassenschlager: Kleines, armes Mädchen entflieht sozialistischer Enge ins große USA-Glück. Das ist noch schöner als das Märchen »Vom Tellerwäscher zum Millionär«. Zudem ist es auch wahr.

Mit fünf Jahren begann Martina ihre Tenniskarriere gegen eine Hauswand. Im Skifahren hatte sie es bereits zu bemerkenswerter Schnelligkeit gebracht. »Sie wird sich noch mal den Hals brechen«, schimpften die Nachbarn hinter der Dreijährigen her. Warum war dem kleinen Mädchen das Toben und Herumtollen nicht ausgetrieben worden? Weil auch ihre Mutter, vor allem aber ihre Großmutter Agnes Semanska, schon erfolgreich Turnier-Tennis spielten. Und weil Papa seinen Liebling persönlich trainierte.

Mit Beginn des Sozialismus in der CSSR nach dem Zweiten Weltkrieg wurde die bis dahin recht gutsituierte Familie enteignet. In ihrem großen Haus wurde ihnen ein kleines Zimmer zugewiesen, das Martina mit ihrer Mutter, ihrem zweiten Vater und ihrer Halbschwester bis zu ihrem neunten Lebensjahr bewohnte und teilen mußte. »Wir hatten nicht einmal fließend heißes Wasser.« Dafür hatte ihr erster Trainer, der ehemalige CSSR-Tennis-Profi George Parma, einen Fernsehapparat. Auf dem sah die neunjährige Martina 1965 das Wimbledon-Endspiel von Billie Jean King und dachte sich: »Das willst du auch.«

Hamburg und Düsseldorf dürfen sich rühmen, als erste Tenniszentren in der westlichen Welt die 15-, 16jährige

Martina als »häßliches Entlein von der Moldau« (*Welt am Sonntag*) verkannt und unterschätzt zu haben. Dabei hätte das Entlein 1973 und Pfingsten 1974 wiederum am Hamburger Rothenbaum um ein Haar der bis dahin unangefochtenen Deutschen Helga Masthoff die Show gestohlen und den Lorbeerkranz abgenommen. »Unsere einzige Weltklasse-Spielerin« (*Bild*) war damals nicht schlecht erschrocken: »Sie ist halt ein ungemein lustiger Vogel, diese Martina, und immer zu Späßen aufgelegt.« Wenige Monate später beim Federation-Cup in Aix-en-Provence 1975 machte der lustige Vogel ernst. Helga unterlag der auch damals schon vorwärts stürmenden Martina und befand sich dabei in übrigens bester Gesellschaft. Weltklasse-Damen waren im Spiel mit der 17-, 18jährigen bereits erlegen: Evert (Lloyd), Casals, Court, Heldmann und Wade. Die nächste sollte Billie Jean King sein.

»Nachdem ich erst einmal begonnen hatte, in die Staaten zu reisen, merkte ich auch, daß ich mich unter Frauen wohler fühlte als mit Männern«, schreibt die Navratilova in ihrer Biographie. »Ich mag die Gesellschaft von Frauen einfach lieber. Das hat auch viel mit Freiheit zu tun. Nachdem ich erst mal auf dem internationalen Tennis-Karussell saß, sah ich viele Frauen, die einfach das taten, was sie tun wollten. Sie machten Geschäfte, fällten Entscheidungen, schlossen Verträge ab, bestimmten, wo sie wohnen, was sie essen und anziehen wollten. Sie verdienten ihr eigenes Geld. Ihr Leben wurde nicht immer von einem Mann bestimmt. Ich erkannte, meine Interessen, meine Bedürfnisse – sozial, emotional, beruflich, intellektuell, sexuell – richteten sich an Frauen.«

Mit 18 Jahren hatte sie ihre erste sexuelle Erfahrung mit

einer Frau in den USA. »Es schien mir sehr natürlich, als es endlich geschah. Sie war älter als ich.« Danach entschloß sie sich, nicht mehr in die heimische Enge nach Revnice zurückzukehren. Billie Jean King nahm sie vorübergehend in ihre Obhut. Nach den internationalen US-Meisterschaften in Forest Hills bat Martina Navratilova um Asyl. »Karriere und ein Bankkonto sind ihr lieber«, empörte sich der CSSR-Verband.

Zur Strafe hat der kleine Tennis-Club in Revnice bis heute kein Photo von der großen Tochter aufgehängt. Martina: »Hunderte von Stunden habe ich dort trainiert, aber sie haben sich nur Jimmy Connors, Adriano Panatta, Björn Borg und *Czechoslovakia's sweetheart* Christine Evert an die Wand gepinnt.«

Total mißlang der Umsiedlungsversuch ihrer Eltern und ihrer Halbschwester von Prag nach Dallas. Der Papa, der einst derjenige gewesen war, der die kleine Martina im Tennis trainiert und gefördert hatte, fühlte sich nun angesichts der erfolgreichen, wohlhabenden jungen Frau überflüssig. Alle gingen wieder mit zurück nach Prag, ihre Mutter und ihre jüngere Schwester, die sich beide bereits eingelebt hatten. Die brave Tochter schickte zum Trost und auch nach weiteren Anforderungen beachtliche Dollar-Summen, mit denen sich die Familie in der CSSR ein Haus bauen konnte.

Doch nicht nur ihren Eltern finanzierte sie den häuslichen Lebensstandard bis hinunter zum Teelöffel. Morgengaben und Siegestrophäen aus Gold und Edelsteinen entdeckt und taxiert die amerikanische Presse an Ohren, Hals, Händen und Füßen (genauer: Fesseln) ihrer Freundinnen. Mit insgesamt 9 377 116 US-Dollar Einkünften (Stand Juli

1985) schon nur aus Preisgeldern – Werbung und Show-Spiele nicht mitgezählt – ist sie nicht nur eine schwerreiche Frau, sondern schlägt auch alle bisherigen Preisgelder-Rekorde aller Sportarten, unter Frauen wie Männern.

Was ihre sportlichen Leistungen nicht mindert. Sie gehört zu den wenigen, die den Grand Slam gewonnen haben, also die vier internationalen Meisterschaften French Open, Wimbledon, US Open und Australien Open in kontinuierlicher Folge. Vor ihr schafften es Don Budge (1938), Maureen Connolly (1953), Rod Laver (1962 und 1969) sowie Margaret Court (1970). Martina Navratilova ist, zusammen mit ihrer amerikanischen Partnerin Pam Shriver, auch die erste Frau, die den klassischen Grand Slam im Doppel gewann.

Doch nun: »Quiet please, Ladies and Gentlemen. Thank you.« Mit gedämpfter Stimme ermahnt über den Lautsprecher Schiedsrichter Mark Cox das Publikum zur Ruhe. Es steht 2:3 im dritten Spiel des dritten Satzes zwischen der Amerikanerin Chris Evert-Lloyd und der Amerikanerin Martina Navratilova. Hier kämpfen zwei absolut gegensätzliche Spielerinnen, aber gleichwertige Gegnerinnen um den immer noch glanzvollsten aller Tennissiege, den Wimbledon-Titel.

Seit seiner Gründung 1877 nimmt der englische Club unverändert nur 400 Mitglieder auf, darunter seit der Einführung des Damen-Tennis 1884 stets 75 Frauen. So und nicht anders erlaubt es die Satzung, die ebenso unabwendbar weiße Tenniskleidung und einen weißen Ball vorschreibt, zwischen 6,35 und 6,67 Zentimeter im Durchmesser sowie nicht weniger als 56,70 und nicht mehr als 58,57 Gramm schwer. Seit Menschengedenken werden an Wimbledons Erfrischungsständen Erdbeeren mit ungeschlagener Sahne gereicht, finden die Spiele auf dem grünen, handverlesenen Rasen des All England Club statt – nie und nimmer auf Kunststoff.

Das Publikum im Queen's Court ist ganz still geworden. Evert-Lloyd gegen Navratilova, dieser Zweikampf hat sogar Premierministerin Margaret Thatcher in die eigens für hohe Regierungsmitglieder und Angehörige der königlichen Familie reservierte Loge gelockt. Zu hören ist nur der Aufprall des Balles, das darauf antwortende Surren der Schläger und der vor Anstrengung schwer gehende Atem der beiden Frauen: Das kehlige, tiefe Stöhnen von Chris und das hohe Echo von Martina in rhythmischem Hin und Her. Aufschlag Navratilova: Sie pendelt auf dem rechten Bein, wiegt sich samt Racket nach vorn, wirft den Ball hoch, schlägt! – Und springt dem eigenen Aufschlag nach, ans Netz, konzentrierte Bewegung nach vorn, gespannt, wachsam. Es kommt der Konter von Evert-Lloyd, den nimmt sie als Volley, schlägt den Ball aus der Luft zurück. Evert-Lloyd, die den Aufschlag trippelnd erwartet hatte, erwischt den Ball an der Grundlinie. Sie geht ans Netz am liebsten nur zum Händeschütteln. Der Rückhandball wird mit beiden Händen geführt und landet genau zwischen Martinas Füßen.

»Ein solcher Schlag kommt so schnell und scharf, daß er dir das Herz aus dem Leib schneiden kann, ohne daß du es spürst. Chrissies warmes Lächeln, das daraufhin folgt, sagt dir ›Sorry, war nicht persönlich gemeint.‹« Soweit Navratilova über Evert-Lloyd und deren von der Männer-Presse sogenanntes »Defensiv-Spiel«.

Chris geht lange jedes Tempo mit. Doch nun läßt sie nach.

Tiefatmend, sich beruhigend, kühl, souverän, nicht herablassend, aber sehr distanziert bittet sie den Balljungen um einen Ball. Die Bewegung der Hand bringt eine winzige Atempause und hat etwas Königliches.
Dennoch: Martina Navratilova wird wiederum und zum sechsten Mal Wimbledon-Siegerin wie außer ihr nur Billie Jean King, dazu viermal hintereinander wie zuletzt 1930 Helen Wills-Moody.

468000 MARK SIEG-PRÄMIE. Maud und Lillian Watson zwei Schwestern von 19 und 26 Jahren, die das erste Finale im Damen-Tennis von Wimbledon am 19. Juli 1884 bestritten, erhielten ein silbernes Blumenkörbchen im Wert von 20 Guineen und für die Zweite Spiegel und Handbürste. In knöchellangen, weißen Wollröcken, langärmeligen Blusen und breiten Segler-Hüten knicksten sie beim Verlassen des Rasens vor der Königsloge. Geändert hat sich nur die Kleidung. Der angedeutete Hofknicks ist auch 1985 Vorschrift.
Wegen Martina Navratilova, wegen ihrer sportlichen Leistungen geriet das internationale Damen-Tennis zunehmend öfter in die Schlagzeilen, wurde aber auch populärer dank mancher lesbischen Liebesgeschichte. Die Öffentlichkeit begann naserümpfend, aber ungemein interessiert Anteil zu nehmen. Selbst brave bundesdeutsche Damenjournale berichteten und berichten. Die Neue der Navratilova ist sogar dem Fachmagazin *Sport* stets eine Meldung wert. Zum Knall kam es 1981, als Marilyn Barnet, Freundin und Sekretärin von Billie Jean King, den Tennis-Star vor Gericht auf Alimente für sieben gemeinsam verbrachte Jahre verklagte. Ein Streich der das amerikanische Damen-Ten-

nis zunächst um den Sponsor und damit um eine sichere Finanzierung brachte. Die amerikanische Kosmetik-Firma »Avon« – Werbeslogan »Avon läutet! Ihre Avon-Beraterin berät Sie ganz persönlich« –, einzige Geldgeberin der US-Tennisspielerinnen sah ihren Umsatz in Gefahr und ihre Reklame in Verruf, als die Konkurrenz von einem »lesbischen Harem« im Tennis sprach. »Avon« verlängerte den Drei-Millionen-Jahres-Vertrag auch dann nicht noch einmal, als sich Billie Jean King demonstrativ mit ihrem Ehemann an der Hand zur besten Sendezeit auf der US-Mattscheibe zeigte.

Seitdem ist die amerikanische Zigaretten-Firma »Virginia Slims« Sponsor, an Land gezogen für den Internationalen Interessenverband der Tennisspielerinnen (WTA) von Billie Jean King. Deren Werbeslogan »Zu schlank für Männerhände« paßt auch besser.

Der unterhaltsame Skandal, bei dem sich eigentlich nur die Männer-Presse schlecht benommen hatte, erinnerte an Hollywoods Sternstunden, an die bestgehüteten Geheimnisse um Greta Garbo, Marlene Dietrich und Katharine Hepburn. In Tenniskreisen wurden wohlwollend wie amüsiert Verbindungen aufgedeckt, von deren erfreulicher Existenz bis dahin nichts bekannt gewesen war: Was! Die auch? Englands Wimbledon-Siegerin Virginia Wade mit einem New Yorker Photomodell. Die Französin Thibault Partnerin ihrer italienischen Tennisgegnerin Prozio. Die Schwedin Wickstedt mit Einzelpartnerin O'Neill aus Australien. Und eine Deutsche, angehender Profi, deren Name (noch) nicht zu erfahren ist, mit der italienischen Autorin Premula Pulsante.

Die Männer der internationalen Center Courts fangen an,

nervös zu werden. Vom handverlesenen Rasen in Wimbledon bis hin zum Zementboden in Flushing Meadows, New York, hält mann den Atem an. Martina Navratilova spitz: »Sportjournalisten haben keine Probleme, eine Frau danach zu fragen, ob es wahr sei, daß sie mit anderen Frauen schlafe. Aber nie würden sie einen Mann fragen, ob er mit anderen Männern schläft – und, bei Gott, es gibt einige sehr bekannte männliche Sportler, die genau das tun.«
Martina Navratilovas Wunsch, in die Geschichte des Tennissports einzugehen, ist längst erfüllt, denn:
Sie hat das 101 Jahre alte Damen-Tennis von der Grundlinie losgebunden! Seit ihre kraftvolle und kämpferische Spielart Schule macht, ist klar, daß bisher die Bewegungsfreiheit der Frauen erheblich eingeschränkt war. Und sie ist die erste Spielerin, die sich eine höchst spezialisierte Crew selbst aufgebaut und finanziert hat, und deren Trainingsprogramme Schule machen.
Trainer Mike Estep, bei Martina zuständig für Technik, Strategie und Body-Building: »Ich wünsche mir, daß die Bedeutung Martinas für das Frauen-Tennis gleich groß werde, wie jene von Muhammed Ali für den Boxsport. Es ist ein Privileg, für sie zu arbeiten.« (Der 35jährige Texaner löste Trainerin Renée Richards ab, Augenärztin, Tennisspielerin und als Transsexuelle ehemals Marineoffizier und Vater von zwei Söhnen.) Rick Elstein trainiert Martinas Reflexe, ist zuständig für Augen-Hand-Koordination. Robert Haas macht Blutabnahmen und analysiert per Computer das Spiel der Navratilova und ihrer Konkurrentinnen. Vor allem aber kocht er für Martina. Der Diät-Fitness-Spezialist aus Miami empfiehlt fast alles, aber ohne Fett, wenig Fleisch, dafür viel Salat und viele Früchte.

Die 26jährige Nancy Lieberman, als Halbwaise im New Yorker Asphaltdschungel aufgewachsen, die fast 100mal im Nationaldress der USA Basketball-Spiele entschieden hat, ist an dem Erfolg der Navratilova, an deren Weg vom Tennisprofi zur Athletin maßgeblich beteiligt. – Hanteln und Gewichte sieht man neuerdings auch im Reisegepäck von Evert-Lloyd und anderen Spielerinnen, während die Männer im Tennis, wie Jimmy Connors und der lockenköpfige John McEnroe, plötzlich auf die Kochkünste des Dr. Haas schwören.

So unkonventionell wie sie lebt und arbeitet, so unkonventionell benimmt sie sich. Martina bringt es fertig, selbst im traditionsträchtigen Wimbledon während des Tennisduells einen kleinen Dialog übers Netz mit ihrer Gegnerin anzuzetteln. Die Spielerinnen kennen sich ja oft schon seit fünf, zehn Jahren und treffen einander immer wieder irgendwo in Europa, in Amerika unter der Dusche, in der Umkleidekabine, auf dem Tennisplatz. Der Wettkampf unter ihnen ist hart, aber es herrscht nicht das schneidend kalte Feindbild vor wie bei den Männern, die meist wie verbissene Bulldoggen einer gegen den anderen As um As kämpfen.

Daß Chris Evert-Lloyd sich im vergangenen Jahr in New York nach ihrer Niederlage im Stadion an ihre Fan-Gemeinde mit den Worten wandte »I am sorry« und dann die Siegerin Martina umarmte, das ist sehr viel weniger show-business als man fürchten möchte und hat sehr viel mehr mit der Navratilova zu tun als Evert-Lloyd je zugeben würde.

NACHWEISE

Marie Curie:
Ulla Fölsing, »Marie Curie«, in: dies., *Nobel-Frauen. Naturwissenschaftlerinnen im Porträt* (München: C.H. Becksche Verlagsbuchhandlung 1991), S. 29–44.

Maria Montessori:
Leona Siebenschön, »Maria Montessori 1870–1952«, in: *Emma*, Heft 11 (November 1977), S. 42-43.

Rosa Luxemburg:
Max Gallo, »Prolog. ›Mein innerstes Ich gehört mehr meinen Kohlmeisen als den Genossen‹«, in: ders., *Rosa Luxemburg. Eine Biographie*. Aus dem Franz. von Rainer Pfleiderer und Birgit Kaiser (Zürich: Benziger Verlag 1993), S. 11-21.

Amelia Earhart:
Gitta Mohrdieck, »Amelia E.«, in: *Emma*, Heft 10 (Oktober 1987), S. 36–39.

Marlene Dietrich:
Originalbeitrag.

Leni Riefenstahl:
Ute Speck und Karin Wieland, »Nazi-Glamour – ›rein intuitiv‹«, in: *Die Tageszeitung* (22.8.1987).

Erika Mann:
Claudia Schoppmann, »Erika Mann. Portrait«, in: dies. (Hrsg.), *Im Fluchtgepäck die Sprache: Deutschsprachige Schriftstellerinnen im Exil* (Berlin: Orlanda Frauenverlag 1991), S. 133–143.

Coco Chanel:
Marcel Haedrich, »Die Menschen, um die sich eine Legende rankt, sind auch selber diese Legende«, in: ders., *Coco Chanel. Geheimnis eines Lebens.* Aus dem Franz. von Werner von Grünau (Berlin: Blanvalet Verlag 1972), S. 9–25.

Mutter Teresa:
Gabriele Venzky, »Handfeste Heilige«, in: *Die Zeit* (12.9.1997).

Marion Dönhoff:
Alice Schwarzer, »Der Häuptling«, in: *Emma*, Heft 11 (November 1987), S. 30–36 (gekürzt).

Indira Ghandi:
Thomas Ross, »Indira Gandhi wuchs im Amt zum nationalen Führer heran«, in: *Frankfurter Allgemeine Zeitung* (1.11.1984).

Marguerite Yourcenar:
Elisabeth Hauer, »Über Marguerite Yourcenar«, in: *Literatur und Kritik*, Heft 217/218 (1987), S. 363–370.

Gudrun Ensslin:
Christine Brückner, »Kein Denkmal für Gudrun Ensslin. Rede gegen die Wände der Stammheimer Zelle«, in: dies., *Wenn Du geredet hättest, Desdemona. Ungehaltene Reden ungehaltener Frauen* (Frankfurt am Main/Berlin: Ullstein Verlag 1986), S. 109–122.

Martina Navratilova:
Viola Roggenkamp, »Martina Navratilova: Die Siegerin«, in: Alice Schwarzer (Hrsg.), *Das neue Emma-Buch* (München: Deutscher Taschenbuch Verlag 1986), S. 127–135.